# 日本語表記の心理学

広瀬雄彦［著］

● 単語認知における表記と頻度

北大路書房

# はじめに

　本書は，第Ⅰ部（第1章から第4章）と第Ⅱ部（第5章から第9章）から構成されている。

　第Ⅰ部では，まず，日本語の表記とその心理学的影響を検討した諸研究を概観し，日本語の表記，とりわけ漢字表記を特別視する考え方に対して心理学の立場から問題を提起する。そして，日本語における読書障害児の少なさや，漢字単語に対する認知課題の遂行成績の高さが特別視の根拠となっていることを示し，この点について再検討を行なう。特に，漢字単語に対する認知課題の遂行成績の高さは，単語と表記の親近性（以後，表記の親近性）によって説明可能であることを示す。表記の親近性とは，ある単語がある表記とどの程度親近であるかを表わす。たとえば，"野球"と"やきゅう"とでは"野球"が，"饂飩"と"うどん"とでは"うどん"が，それぞれ表記の親近性が高いことになる。この要因が視覚的単語認知に大きな影響を及ぼしている可能性を，意味的プライミング効果を用いて明らかにする。また，私たちの語彙検索にも表記の親近性が関与していることを，無意味綴りからの連想を用いて明らかにする。

　第Ⅱ部では，第Ⅰ部で明らかにした表記の親近性を，単語の視覚的認知において頑健な変数として知られている頻度の1つの側面として捉えることの可否について検討する。表記の親近性の効果が認められるということは，ある単語をある表記で経験する頻度の影響を受けたことになるからである。そして，ある特定の表記で単語を視覚的に経験する頻度を頻度の表層的側面，表記にかかわらずある単語を視覚的に経験する頻度を頻度の深層的側面と考え，これら2側面で頻度という要因が構成されているという考え方を新たに提案する。それによって，頻度効果に対して投げかけられてきたさまざまな疑義の一部に答えることができると考えたからである。頻度を2側面から捉えようとするこの考え方の妥当性を，語彙判断課題と命名課題を用いた種々の実験で検討する。また，単語の視覚的認知課題において反復と鮮明度というそれぞれの要因と頻度との交互作用が数多く検討されてきたが，それらの要因と頻度の2側面との関係を検討する。それによって，これまでの頻度と反復および頻度と鮮明度の交

互作用を検討した諸研究における結果は，頻度を2側面から捉えることによってより明解に説明できることを明らかにする。

最後に第9章で，第Ⅰ部と第Ⅱ部を通した全体の考察を行ない，今後の課題を示す。

なお本書は，筆者の一連の研究をまとめ，2006（平成18）年度，京都大学大学院教育学研究科に提出し受理された博士論文「単語の視覚的認知における表記の親近性効果と単語の頻度効果」に，若干の加筆修正を加えたものである。本研究を進めるにあたり数多くの方々からご指導やご助言をたまわったことを，ここに記して感謝したい。

まず，京都大学大学院教育学研究科に非常勤講師として出講していた筆者に，博士論文執筆の機会を与えてくださり，快く主査をお引き受けいただいた，教育学研究科の子安増生先生に感謝を申し上げる。先生はご多忙のなか，草稿の段階から論文完成まで筆者を導いてくださった。また，副査をお引き受けいただいた吉川左紀子先生，楠見孝先生にも感謝を申し上げる。両先生には，試問を通じて様々な視点から示唆に富むコメントをいただいた。なお，吉川先生は筆者の大学院生時代からの研究会（学習理論研究会）の先輩でもあり，折にふれて研究や研究者生活に関する適切なご助言をいただいている。

次に，筆者が大阪教育大学大学院教育学研究科修士課程在籍時に修士論文をご指導くださった，北尾倫彦先生（大阪教育大学名誉教授，元京都女子大学）と八田武志先生（現名古屋大学大学院）に感謝を申し上げる。両先生には，筆者の研究者としての基礎的素養を育てていただいた。博士論文執筆へと大きく動機づけてくださったのも両先生である。筆者は1996（平成8）年4月から2006（平成18）年3月まで，北尾先生とともに京都女子大学に勤務する機会を得，その間も身近に研究をご指導いただく幸運に恵まれた。

京都女子大学では，岡本夏木先生（京都教育大学名誉教授，元京都女子大学）との心理学に関する雑談から，非常に多くのことを学んだ。先生からいただいた示唆やご意見はきわめて貴重であった。心より感謝を申し上げる。

そして，本書に含まれる研究は，多くの被験者の協力によって成り立っている。実験にご協力くださったすべての方々に感謝申し上げる。また，研究を進める過程で，数多くの先輩，同僚，同学の諸兄姉からご教示や激励を受けた。個々

に名前をあげることは差し控えるが，心からお礼を申し上げる。

　最後になるが，企画から最終の校正まで筆者の勝手を辛抱強く聞き入れ，編集作業を進めてくださった，北大路書房編集部の奥野浩之さんと服部和香さんに深く感謝する。

　なお，本書は平成18年度京都女子大学出版助成（経費の一部助成）の交付を受けて出版された。記して感謝の意を表する。

2007（平成19）年3月

著　者

はじめに　i

# 第Ⅰ部　単語の視覚的認知における表記の親近性効果に関する検討

## 第1章　日本語における表記差研究の問題点と本研究の位置づけ　2
- 第1節　話しことばと書きことばの対応関係　2
- 第2節　日本語の表記システム　5
- 第3節　単語の視覚的認知における音韻的符号化の役割　13
- 第4節　単語の視覚的認知における音韻的符号化の役割に関する議論の歴史　16
- 第5節　1980年代中頃までの単語認知における日本語の表記文字の影響に関する研究　24
- 第6節　問題の所在　28

## 第2章　日本語処理における漢字単語の優位性の再検討　35
- 第1節　日本における読書障害の発生率に関する再検討（研究1）　35
- 第2節　漢字単語とかな単語の意味判断課題に及ぼす表記の親近性効果（研究2）　43

## 第3章　意味的プライミングに及ぼす表記の親近性効果：綴り深度仮説の検討　52
- 第1節　かな単語の意味的プライミングに及ぼす表記の親近性効果（研究3）　52
- 第2節　命名課題における表記の親近性効果と意味的プライミングに刺激提示の操作が及ぼす影響（研究4）　61

## 第4章　言語連想に及ぼす表記の親近性効果の検討　66
- 第1節　言語連想反応と表記文字：問題の所在　66
- 第2節　視覚提示による清音1文字音節からの連想語に及ぼす表記文字の効果（研究5）　73
- 第3節　聴覚提示による清音1音節からの連想語（研究6）　77
- 第4節　視覚提示による清音2文字音節からの連想語に及ぼす表記文字の効果（研究7）　80
- 第5節　言語連想研究からの総括的提言　86

# 第Ⅱ部　単語の視覚的認知における頻度効果に関する検討

## 第5章　頻度効果の再検討と本研究の位置づけ　92
- 第1節　単語の頻度効果　92
- 第2節　単語の頻度効果と単語認知モデル　94
- 第3節　頻度効果に対する疑義　99
- 第4節　視覚的経験の表層的側面と深層的側面　104
- 第5節　問題の所在　109

**第6章　単語の視覚的認知課題に及ぼす頻度の表層的側面と深層的側面の検討**　111
　第1節　問　題　111
　第2節　語彙判断課題における頻度の表層的側面と深層的側面の検討
　　　　（研究8）　113
　第3節　命名課題に及ぼす頻度の表層的側面と深層的側面の検討：刺激
　　　　として単語のみを用い，条件間でランダム提示した場合（研究9）　118
　第4節　命名課題に及ぼす頻度の表層的側面と深層的側面の検討：刺激
　　　　として単語のみを用い，条件間でブロック化されたリスト構成
　　　　の場合（研究10）　120
　第5節　総合的考察　123

**第7章　命名課題に及ぼす頻度の2側面の検討**　128
　第1節　外来語単語と非単語を含む刺激リストを用いた命名課題　128
　第2節　単語類似性の低い非単語を混入させた刺激リストを用いた命名課題
　　　　（研究11）　130
　第3節　単語類似性の高い非単語を混入させた刺激リストを用いた命名課題
　　　　（研究12）　134
　第4節　日本語と外来語の混合した刺激リストを用いた命名課題（研究13）　136
　第5節　本章のまとめ　139

**第8章　頻度の2側面と単語の視覚的認知課題で確認されている諸効果**　141
　第1節　はじめに　141
　第2節　反復効果と頻度効果　142
　第3節　頻度の表層的側面が反復効果に及ぼす影響（研究14）　145
　第4節　頻度の2側面が反復効果に及ぼす影響（研究15）　151
　第5節　不鮮明化効果と頻度効果　158
　第6節　頻度の表層的側面と不鮮明化効果（研究16）　160
　第7節　頻度の2側面が不鮮明化効果に及ぼす影響（研究17）　165

**第9章　総合的考察**　170
　第1節　総合的考察　170
　第2節　今後の課題　177

引用文献　180

# 第Ⅰ部 単語の視覚的認知における表記の親近性効果に関する検討

# 第1章
## 日本語における表記差研究の問題点と本研究の位置づけ

### 第1節 話しことばと書きことばの対応関係

　リーディング[※1]の心理学的プロセスを理解するためには，現代の表記システムにおける話しことばとの対応性を重視しなければならない。

　その理由は次のとおりである。さまざまな言語圏において今日用いられている表記システムを歴史的に振り返ってみると，書きことばは絵単語のように少数の限られた集団内で用いられていた時代から，より高次な表記システムが広範囲の人々に用いられる時代へと変化してきた。同時に，書きことばによって意味や概念をどのように伝えるかという側面が重視される段階から，書きことばによって話しことばをどのようにして忠実に記述し再現できるかという側面が重視される段階へと，表記システムは変化発展してきたのである（Gelb, 1963）。すなわち，現在使われている世界各国の表記システムには，なんらかの形で話しことばとの対応が認められる。特に，本書で中心的に取り扱う単語に関していえば，書きことばとしての単語は話しことばとしての単語と一対一に対応しており，このように特定の音価をもつということが，絵画や写真，または物体の認知と書きことばとしての単語の認知を比較した場合の，本質的な相違点となっている。たとえば，"コンピュータ"という単語は，【konpyu:ta】というただ1つの音価をもつが，コンピュータという物体には"コンピュータ""パソコン""電子計算機"などのさまざまな呼称があてられる。さらには，真

---

注）
※1　本書では，書きことばの意味了解を「読み」や「読書」あるいは「読字」ではなく，「リーディング」と呼ぶことにする。従来用いられてきた「読み」や「読書」では，書きことばの単なる意味了解以上の高次過程（たとえば，推論）が含まれ，逆に「読字」では，文字単位の音声化が強調されるきらいがあると考えたためである。

の表記は話しことばの表示でなければならないという考え方（Unger, 1987）もあり，少なくとも，現存する表記システムにおいては，話しことばとの対応はそれが備えるべき重要な条件であるといってよいであろう。

また，世界の各地で使われている多様な表記システムは，話しことばと書きことばとの対応の仕方の相違という観点から分類することができる。すなわち，それぞれの文字やその組み合わせによってどのように音韻情報（phonology）を代表するのかが異なるのである。

一方，リーディングに関する心理学的研究においては，単語の視覚的認知における音韻情報の果たす役割が，Perfetti et al.（1992）も述べているように古くから議論の中心になっていた。すなわち，レキシカル・アクセス（lexical access）[※2]が達成されるためには，それ以前に視覚的に提示された単語から音韻情報を得る必要があるかどうかということ，また逆に，視覚的単語認知において，ある単語の音韻情報を得るためにはレキシカル・アクセスが必要かどうかということが中心的話題であった。このような疑問は，既に述べたように，表記システムが話しことばをもとにして成り立っていること，あるいは現在の表記システムの多くが音素や音節を表わすために文字を組み合わせる規則をもつことから生じた疑問であるといえる。

このように，表記システムにおける話しことばと書きことばの対応の仕方の多様性という事実が一方にあり，他方ではリーディングにおける音韻情報の果たす役割に研究者の問題意識があった。これらがあいまって，話しことばと書きことばの対応の程度，あるいは表音性の程度の違いが，リーディングのプロセスに影響を与えるかどうかについての研究，特に，視覚的単語認知における音韻情報の果たす役割についての研究へと発展してきたのである。

表記システムの違いが直接的にリーディングのプロセスへ影響すると主張する立場から考えると，基本的に書きことばは音に変換されるという役割しか担っておらず，表記システムごとに存在する変換規則に従って音へ変換する処理を行なうことによりリーディングが遂行されることになる。この場合，リーデ

注）
[※2] レキシカル・アクセスとは，視覚的に提示された単語が同定され，その単語に関する音韻，意味，統語的情報が利用可能になるプロセスを指す。

ィングに用いられる主たる語彙表象は音韻的表象であるということになる。これと反対の立場，すなわち，表記システムのリーディングへの影響は，初期の知覚的段階に限定されており，表記システムにおける音への変換規則に従って，書きことばが単純に音へと変換されるわけではないという立場もある。綴りは単に音を表わす以上の役割を演じているとする考え方であり，リーディングに用いられる主たる語彙表象は，綴りの視覚的表象であるということになる。

　このような対比に立脚し，綴りと音の対応の仕方が異なるさまざまな表記システムについて，リーディングにおける音韻情報の獲得やレキシカル・アクセスに違いがあるかどうかが実験的に検討されてきたのである。

　ところで，日本語の表記システムには，大きく分けて一般的に表意文字と呼ばれている漢字と，表音文字と呼ばれているかな文字という，綴りと音との対応規則の異なる2つの表記文字が存在している。これら2つは，綴りと音との対応の程度がリーディングのプロセスに及ぼす影響を検討するための格好の材料であった。諸外国においては行なうことができないような同一言語内でのこのような検討が，日本語の表記システムにおいては可能であった。すなわち，それぞれの言語圏における話しことばのもつ特徴の影響や制約を受けずに，純粋に表記文字の相違の影響のみを検討することが可能であった。しかし，日本の表記システムが海外の研究者たちに広く関心をもたれるに至ったきっかけは，実際には漢字という欧米の表記システムにはみられない表記文字が注目されたことであった。いずれにせよ，その結果，特に認知心理学的研究や神経心理学的研究において，日本語における漢字とかなという2つの表記の情報処理に関する多くの研究が生み出されることになったのである。その一方で，漢字という表記文字の存在や，同一言語内で複数の表記システムが混在するということが，日本語の視覚的言語刺激を用いた心理学的研究にいくつかの問題を生じさせることにもなった。

　本書の第Ⅰ部では，上記のような日本語の表記システムの特徴から生じた，日本語のリーディング研究における問題点を明らかにし，従来の研究結果やその解釈の妥当性について検討する。具体的には，リーディングなどの言語処理課題において表記文字の影響があるのかどうか，そして影響するとすればどのような形で影響するのかを，単語と表記文字の親近性という視点を中心として

明らかにしようとする。

　上記の問題を検討する際に，表記システムの過去と現在について，また特に日本語における表記システムの特徴，さらには日本語の表記文字を用いた心理学的研究について検討しておく必要があると考えられるので，この第1章では特に日本語における表記システムを中心に概観し，さらに表記システムと語彙処理プロセスとの関連性が主張されるに至った背景について検討する。最後にこれらの研究の問題点を指摘し，第2章以下で取り扱う研究についての位置づけを行ないたい。

## 第2節 日本語の表記システム

### (1) 表記システムの変遷

　歴史的にみて，初期の表記システムは絵単語（pictograph）であるとされている（Gelb, 1963）。それは絵画的なシンボルであったり線画であったりさまざまであるが，それらには共通して概念を象形的に表わすという特徴がある。このような直接的な表示の有利さから，絵単語は現在でもいろいろな場で用いられている。たとえば，ホテルや空港などといった公共の場のトイレは，線画によって男性用か女性用かを示している場合が多い。ただ，これらを言語と捉えるかどうかについては議論の余地が残るであろう。

　ところで，絵単語はその後数多くの変遷を経て現在の表記システムへと発展することになるが，それには種々の理由が考えられる。特に単語レベルでの理由について考えると，次のようになる。まず，絵単語によって抽象的な概念を表わすことはかなり困難であるということである。たとえば，平和を意味する単一の絵単語を示すことは難しいであろう。また，ある人が書いた1つの絵単語を他者が見る場合に，本来であれば当然送り手の意図した一定の内容が受け手に伝達されなければならないが，そのような伝達という機能が絵単語では果たされない可能性がある。後者の問題は絵単語を規格化することによって解決できるが，そのためには膨大な数の絵単語を覚える必要が生じることとなる。

　そこで，第1の問題点に対しては，メソポタミアの楔形文字のように，初期に用いられていた複数の絵単語を組み合わせてある特定の概念を表わしたり，中国語のように漢字を組み合わせるという方法が用いられた。この段階になっ

てはじめて，文字が物の形と直接対応しなくなり，汎用性をもつようになる。さらに古代エジプト語にみられるように，絵画的シンボルに対して，絵とは直接結びつかない概念を表わす役割を担わせるという方法が採用された（Gelb, 1963）。これらはすべてロゴグラフ（logograph）と呼ばれるものである。これによって第2の問題点であった用いる人によって同じことが伝達されない場合があるという問題は克服される。このころから，話しことばとしての単語と書きことばとしての単語の一対一対応が鮮明になってくるのである。

　さらに，話しことばにおいて単音節語を主とする中国語においては重要な問題とならなかったが，英語や日本語のように話しことばとしての単語が複数の構成要素（たとえば，音節）からなる場合には，文字が話しことばとしての単語を構成する要素として発展してきた。

　音節の種類が比較的少なく，またモーラ的性質を備えた日本語では，その構成要素として音節が選ばれた。つまり，1文字で1つの音節を表わす音節文字と呼ばれるかな文字である。また，音節の種類の多い英語の場合，話しことばとしての単語を表わす構成要素はその音節を構成する下位要素，すなわち音素（phoneme）にまで細分化された。そして，1文字あるいは複数の文字の組み合わせによって成り立つ書記素（grapheme）によって1つの音素を書き表わす表記システムが用いられた。これがアルファベットによる表記システムである。すなわち，いずれの場合も単語の構成要素とそれに対応する音との直接的な関係をもつに至ったのである。したがって，表記システムがここまで発展してくると，それぞれの音節を処理することによってその単語から音韻情報を引き出すことができるので，その結果を用いて音韻的に語彙表象から単語の意味を検索することが可能になる。

　これらのことから，現在の表記システムでは，書きことばとしての単語の下位要素（すなわち，書記素や文字）と話しことばとしての単語の下位要素（すなわち，音素や音節）との対応によって綴りとその名称，すなわち音が結びつき，その音が意味に結びつくと考えられる表記システムになっているといえる。したがって，このような流れの中で他の文字と比較するとき，文字が1つまたは複数の意味や概念と対応している漢字は，表記システムという面からからみれば，特別の存在であるといえよう。しかし，これは文字レベルでの問題であ

り，単語レベルでみれば書きことばとしての単語がある特定の音と結びついているのが普通である。ただし，英語における LIVE（【láiv】と【lív】）や，日本語における今日（【こんにち】と【きょう】）のように同じ表記で2つの発音をもつ単語も例外的には存在する。

## （2）日本における書きことばのはじまり

　日本語の表記システムは，どのように発展してきたのであろうか。日本最古の書物の1つにあげられる『古事記』には，口誦言語が文字を用いて書き記されたことによって，当時に近い状態で日本語が保存されている。しかし，『古事記』の段階では依然として口誦言語を漢文風に訳したという印象が強く，日本語をそのまま書き記したとはいい難い。『万葉集』にみられるように漢字が部分的にではあるが表音文字として使用されて，はじめて本当の意味での日本語を書き記すことが可能になったと考えられている。それでは，『万葉集』にみられる日本語の表記システムとはどのようなものであろうか。

　『万葉集』では，表音化した漢字がその一部に使用されたのであるが，そこには次の4種類の表音化がみられた。第1の用字法は正訓と呼ばれるものであり，ある漢字の中国語における字形と意味はそのままにし，音のみをその文字の意味に対応する日本語の発音に置き換えるというものである。第2の用法は義訓と呼ばれるものであり，中国における五行や十干十二支を用いて漢字の読みを表わすものである。第3の用法は借音と呼ばれるものであり，漢字の形と音を借用し，意味を取り除いたものである。すなわち，中国語における漢字の意味を代表させずに音だけを借りるという方法である。最後は借訓と呼ばれるものであり，中国語における意味から日本語の音を与え，本来の意味は切り捨てるというものである。すなわち，借音と借訓において，中国語における本来の意味をもたず音のみを表わす，いわば漢字の意味を捨てた表音文字化が，部分的にではあれ，わが国ではじまったわけである。

　そして，当初固有名詞を表わすために用いられたこれらの万葉仮名は，後半では1字の万葉仮名を用いて1音節（あるいは，1モーラ）を表わすように変わっていくことになる。ここに至って漢字の表音文字的使用は最も盛んになり，次の変化を待つことになる。その変化とは，ひらがな文字，カタカナ文字の誕

生である。

## （3）ひらがな文字とカタカナ文字の歴史

　漢字の表音化のはじまりからかな文字の誕生までの変遷がスムーズに進んだか否かはともかくとして，漢字の表音化なくしてひらがな文字やカタカナ文字の誕生がなかったのは事実である。特に借音という用字法を適用された漢字が簡略化されることによりひらがな文字やカタカナ文字が誕生したことは，多くの識者が指摘するところである。しかし，これら2種類のかな文字には，その成り立ちや使い方に至るまで，異なる特徴が数多くみられる。

　ひらがな文字は，借音文字として使用された漢字の草体への崩し書き，すなわち草仮名にその源を発する。その背景には，当時の女性の素養の1つとされていた手習，すなわち習字があり，ひらがなはそこからの産物であったのである。したがって，ひらがなは女性の文字とされ，「女手」と呼ばれた。その後，男性の間での使用も次第に市民権を得ることになる。たとえば，勅撰和歌集である『古今和歌集』の「古今集仮名序」がそれである。

　一方，カタカナ文字は，同じく借音文字として使用された漢字をもとにしているものの，ひらがな文字とは異なり，その漢字の偏や旁などの一部を取り除くことによってできあがったものである。そのはじまりは，漢文を読むという，当時の知識人の中でも特に男性の素養の1つとされていた漢文訓読におけるふりがなの使用であった。そのふりがなとして誕生したのがカタカナ文字なのである。したがって，その使用法はもっぱら公式文書では必ず用いられた全文漢字というような漢字と権威とが結びつく中で，その補助的な役割の域を出ないものであった。

　その後に現われる漢字かな交じり文においてはカタカナ文字を用い，かな文はひらがな文字を用いることとなった。見方によれば，漢字の権威という光背効果のなかでカタカナ文字の性格付けがなされていくことになったともいえるのではないだろうか。第2次世界大戦以前まで六法では漢字とカタカナが用いられていたことなどからもそれをうかがうことができるであろう。

　ただし，いずれのかな文字も万葉仮名から発展したため，当初はある1つの音節を表わすのに複数の文字が存在していた。そして，その統一は，1900（明

治33) 年の「小学校令施行規則」まで行なわれなかった。

　このように漢字よりかなが文学的場面において中心的役割を演じていた平安時代に比べて，鎌倉時代以降では，漢字とカタカナ文字の併用による表記が用いられるようになる。したがって，漢字を使用あるいは目にする人の数は大きく増加することになる。室町時代には，一般の人々に漢字が広がっていたことを示す多くの証拠がある。江戸時代の文学作品も漢字かな交じり文が中心であった。カタカナ文字は，漢文訓読，翻訳書，学問書を中心に漢字とともに用いられた。明治時代以降においても，日常的には漢字ひらがな交じり文，公文書や学術論文には漢字カタカナ交じり文という習慣はそのままであった。かなについては，前述の「小学校令施行規則」によって１つの音節に１つのかな文字を用いるようになり，それ以外のかな文字は変体仮名と呼ばれるようになる。その後，1946年に「現代かなづかい」によって歴史的かなづかいが廃止され，1986年の改訂を経て，現在に至っている。すなわち1900年に，１音節１字という音節文字としてのかなが完成したということができる。

　いずれにせよ，その後この２種類のかな文字は広く普及していくことになるわけであるが，依然漢字は別格のものであり，それに対する特別視は根強かった。このことは真名本と呼ばれる本来漢字で書かれたものではない書物を漢字に書き直した書物（「真名」とは「仮名」に対して漢字を意味する語）が江戸時代までもてはやされたことからもうかがえる。また，近年，漢字検定を受験するものが多数いるが，これもやはり漢字に対する，あるいは漢字の使用に対するわれわれ日本人に脈々と受け継がれてきた特別の感情の現われといえるのではないだろうか。このような，日本人の漢字に対する特別な見方は，後に述べる心理学における漢字の情報処理においても認められるが，その背後には，日本人が漢字に対して抱いてきた永年にわたる想いが存在したといえよう。

## （４）日本語表記システムの特徴

　日本語における現在の表記システムは，上記のような歴史的変遷の結果，漢字，かな文字が主として用いられ，これらに加えて，ローマ字，アラビア数字など複数の文字を組み合わせた複雑なものとなっている。さらに，かな文字はカタカナ文字とひらがな文字とに分類される。本研究の中心的な問題である単

語という言語単位で日本語表記システムをみてみると，次のようにまとめることができるであろう。

　言語学上，漢字は表意文字あるいは表語文字に分類され，かな文字は表音文字のなかでも特に音節文字に分類される。特に，漢字は表意文字であるという一般通念があるが，現実に1字で意味を表わしているとはいい難い点もあるので，表語文字と呼ぶのが適当であると思われる。また，かな文字は，ローマ字のアルファベットと同じく表音文字ではあるが，ローマ字のアルファベットが母音や子音を単位にしている単音文字なのに対し，かな文字は基本的にはモーラを単位とする音節文字である点が大きく異なるといえる。したがって，日本語の文字表記上の第1の特徴として，ローマ字のアルファベットとは異なる分類に属する漢字やかな文字を用いるという，文字自体の特殊性をあげることができる。そして，日本語の書きことばは漢字とかな文字が混在する形で成り立っている。このように，相互に性質を異にする複数の文字を用いるという文字種の多様性に関する点も第2の特徴としてあげることができる。

　さらに，単にテキスト中にさまざまな文字が用いられるというだけではなく，同音同義の単語に対して複数の表記が正書法的に可能である。たとえば，"車""くるま""クルマ"などである。一方，英語の場合は，音が同じであってもある単語の綴りを構成する文字が異なっている場合，それは正書法的には誤りとなる。たとえば，LEAFとLEEFはいずれも【líːf】と発音できるが，前者は葉の意味を表わす単語，後者は意味をもたない非単語となる。したがって，日本語の文字表記上の第3の特徴として，同一の単語に対して複数の文字表記が可能であるという表記法の多様性をあげることができる。これら3つの特徴を併せもつことが，日本語表記システムの重要な特徴である。特に第3の特徴は，視覚的単語認知に及ぼす表記文字の影響の検討が同一言語内で可能であるという，注目に値する特徴であると考えられる。

## （5）現在の日本語における漢字とかな文字

　日本語表記システムの第1の特徴である文字自体の特殊性は，従来から日本だけではなく海外においても注目されてきたものである。その中でも特に漢字の存在は一際注目され，研究上特別な役割をもつものとして扱われてきた。そ

のような注目の理由として，次のことが考えられる。

　まず，日本人からみた場合，すでに述べたように漢字というものは特別の意味あいをもつ文字であるということである。歴史的にみても，権威や知性と結びついた，漢字に対する特別な感情が存在することが，漢字に対する特別な見方に結びついたのであろう。さらに，小学校入学直後から常にかな文字と漢字の表記間の変換，すなわち漢字表記からかな表記への変換や，かな表記から漢字表記への変換の学習にかなりの労力を費やしてきたことは周知のとおりである。このように労力をかけて学習することで，特別視しようとする傾向に拍車がかかることになる。

　また，各国の表記システムがその歴史の中で表音文字にもとづくものに変化を遂げたのに対して，日本語や中国語は絵文字の流れをもつ漢字を用いており，それは表意文字としての性質を中心に紹介されてきた。そのために，漢字のようなタイプの文字をもたない諸外国から特別な注目を集めることになったと考えられる。さらに，日本の教育水準の高さを示すさまざまな報告，中でも日本の読書障害児の発生率の低さに関する報告（Makita, 1968）の果たした役割も見逃せないであろう。そして，このような言語能力における水準の高さを日本語の表記システムの特殊性に帰属させようとする見方（牧田，1976）が強調されたのである。これらの結果，日本語の表記システム，その中でも特に漢字は，欧米を中心とする諸外国から注目されるようになった。

　一方，かな文字は国内外いずれにおいても漢字にくらべてさほど注目されてこなかった。その理由としては，学習の容易性があげられるであろう。かな文字で表わされた単語の場合，それぞれの文字とそれが表わす音との対応が単純なことから，1つ1つの文字を読むことができればかな文字で綴ったほとんどの単語や文が読めるのであり，この点は英語の場合とは異なる。すなわち，日本語では"り"を【lɪ】，"ん"を【n】，"ご"を【go】と発音することが，単語である"りんご"を【lɪŋgo】と発音することを保証するが，英語で"a"を【éɪ】，"p"を【píː】，"l"を【él】，"e"を【íː】と発音することは，単語"apple"を【ǽpl】と発音することを保証しない。さらに，かなの総文字数は少ないため，かな文字やかな単語の習得に労力を費やすことはない。このような文字−音変換の単純さとその学習容易性のために，かな文字の存在を特別視する傾向はみられな

かった。

　また，諸外国からみた場合でも，かな文字が表音文字という範疇に分類されるため，かな文字の特殊性がとりあげられることはなかった。1字1音節というかな文字のもつ特殊な性質やひらがな文字とカタカナ文字の存在についてはほとんど注目されてこなかったのである。近年，後に論じるように綴りと音との対応の程度を示す綴り深度（orthographical depth）という考え方が現われ，その特殊性が一部の研究者の間でとりあげられるようになったにすぎない。

　したがって，これまで独特の文字が存在するという上記の日本語表記システムにおける第1の特徴は，漢字の存在によって代表されてきたといえるであろう。ただ，漢字の特徴を際立たせるために，かな文字が引き合いに出されたということも事実であり，それゆえ，両文字の共通性というよりはむしろ相違点を強調した議論が行なわれることになった。

　ところで，漢字の表意性に対する疑義もないわけではない。日本における漢字の表意性に対する疑義は次のような点から生じたものである。まず第1に，漢字の中でも特に象形文字としてあげられるものでさえ，はじめて見たときにその漢字の意味あるいはそれに近い何らかの概念が必ず惹起されるのかどうか疑わしいことである。たとえば仮に"目"という漢字をはじめてみたとしたとき，必ず目に関連する概念が連想されるとは考えにくいであろう。第2に，日本人の漢字学習の方法は，単語を構成する一部分としての漢字を音と対応づけて学ぶ場合がほとんどである。すなわち，その漢字がもつ意味よりも音を中心に学習することが多い。第3は，すでに述べたように，歴史的にみてもわが国における漢字は主として音を表わす文字として用いられてきたとみるべきであり，意味のほとんどは捨象されてきたという点である。したがって，漢字自体の成り立ちや，1文字が表わす音節が多いといった問題はともかく，現代の日本において漢字はむしろ1文字あたり複数の音をもった表音文字であるとみることも可能であろう。特に単語という1つの単位で考えると，たとえば漢字単語の"煙草"であろうとかな単語の"たばこ"であろうと，どちらもが同じ1つの発音をもつことに変わりはない。

　このように考えると，漢字とかな文字との相違は，表意文字か表音文字かという見方ではなく，前述のように表語文字か表音文字かという1文字の表わす

単位の相違として捉えるべきであると考えられる。

　ただ，言語学上の分類に対する疑義があるとしても，漢字は表意文字，かな文字やローマ字のアルファベットは表音文字という対照的な捉え方は，依然優勢である。そして，この捉え方が，欧米の言語とは異なる日本語の文字がリーディングに及ぼす影響を検討する研究や，日本語の中の2つの異なる文字がリーディングのプロセスに果たす役割の差異を検討する研究の根底にあったことは疑いようもない。

## 第3節　単語の視覚的認知における音韻的符号化の役割

### （1）心理学的研究における書きことば

　書きことばの処理は，日常生活の中では特に大きな心的努力を傾注することなく行なわれる。新聞を読むとき，あるいは街にあふれる看板を見るとき，ほとんど自動的にことばの意味を理解している。ある文字列，たとえば"みかん"を見ると，みかんにまつわる概念が想起されるであろう。しかしながらこのような能力は話しことばのように日常的な生活の中で自然に，あるいは少なくとも環境からの教育的意図が存在しない状態で獲得されるわけではない。どの国の，どの時代をみても，書きことばの理解が可能になるためには，ある種の教育を受ける必要があった。それゆえ，書きことばの理解の研究は話しことばの研究とは異なる側面をもっているだけではなく，教育という観点からはそれ以上に重要な研究課題であったといえる。

　そして，人間の認知機能に関する心理学的研究においても同様に，書きことばに対しては特別な関心が寄せられてきた。たとえば，リーディングのプロセスの理論的解明を目指した膨大な数の研究が存在することがあげられる。また，ほとんどの認知心理学的な実験研究において，視覚的に提示された言語的刺激が用いられたのも，書きことばが主な関心の対象であったことを暗示している。そして，書きことばの中でも特に単語は，それが言語を形づくる最も基本的な単位であるため，それらの研究において最も多くの人々の関心の的になってきた。

　しかし，心理学の研究においては，書きことばは単に話しことばを視覚的に

表現したものにすぎないという考え方があったために，むしろ話しことばに準じるものという見方も存在していた（Henderson, 1984）。この考えから，書きことばの認知プロセスも話しことばに準じたものであると考えられていた。すなわち，書きことばは話しことばに変換すれば，あとはリーディングも話しことばの聴きとりと同じように行なわれるという"reading by ear"モデルがそれである。ところが，Reicher（1969）が，瞬間提示された文字列中の文字の同定成績は，文字列が単語の場合の方が非単語の場合より優れるという単語優位性効果（word superiority effect）を実証し，このような素朴な考え方は否定され，その後，書きことば独自の認知プロセスに関する研究が活発に行なわれるようになった。

　それ以前は，単語優位性効果は単に単語であることからのあて推量（guessing）によって，あるいは文字列は単語よりも忘れやすいということによって説明されていた。そこでReicher（1969）は，被験者に4文字からなる単語（たとえば，WORD），4文字からなる無意味文字列（たとえば，ORWD），および1文字（たとえば，D）を瞬間提示したのち，それにマスキングをかけ，提示された刺激の一部の文字（たとえば，4文字目のD）が何であったかを，2つの選択肢（たとえば，DとK）からなる強制選択課題を用いて問うた。それら選択肢のいずれの文字も単語（WORDかWORK）の4文字目にあたる文字であった。これによって，もし被験者があて推量で反応しているとすると，正反応率はチャンスレベルの50％となり，単語と無意味文字列の正反応率は同じになるはずである。しかし，単語刺激の正反応率は，無意味文字列や1文字提示の条件よりも高くなったのである[※3]。これにより，あて推量による説明は棄却される。また，選択肢を事前に聴覚的に与えて記憶負荷を低減させる条件においても同様の結果であった。これにより，記憶負荷による説明も棄却され，それまで考えられてきた単語優位性効果の説明では不十分であることが示された。

　そこで，視覚的な単語の表象すなわち語彙表象を仮定する必然性が指摘され

---

注）
※3　1文字が単独で提示される条件よりも単語の中で提示された方がその文字の同定成績が優れるという効果については単語-文字効果(word-letter effect)と呼ばれ，単語優位性効果とは区別される。

るようになり，単語優位性効果は単語条件において1つの単語としてまとまりのある語彙表象，すなわち視覚的語彙表象が一定の役割を担うことができるために生じたものであると考えられるようになった。ここにきてはじめて，書きことばの認知は話しことばの認知から独立したものであるという考え方が支持されるようになった。そして，書きことばとしての単語の認知プロセスに関する研究，すなわち視覚的単語認知研究自体の重要性が指摘されることになるのである。

## (2) 話しことばとしての単語と書きことばとしての単語の関係

前述のReicher (1969) の研究は，視覚的語彙表象の存在の可能性を示唆するものではあるが，リーディングに際してその表象が利用されることを実証しているわけではない。むしろ，書きことばとしての単語のリーディングに際して，視覚的語彙表象を用いた直接的なルートが用いられる可能性が，音韻的な形態に変換するリーディング（たとえば，Gibson, 1970; Rubenstein et al., 1971a）に付加されたにすぎない。

したがって，歴史的にみた場合，視覚的単語認知に関する研究の議論の焦点は，レキシカル・アクセスに際して，音韻的符号化が必須のものであるか否かという点に移っていったのである。

現在のところ，黙読時に音韻情報が重要な役割を担っているという知見(Frost, 1991; Hanson & Fowler, 1987; Lukatela & Turvey, 1994; McCusker et al., 1981; McCutchen & Perfetti, 1982; Patterson & Coltheart, 1987; Perfetti, 1994; Perfetti et al., 1992; Seidenberg et al., 1984; Van Orden, 1987; Van Orden et al., 1988; Van Orden et al., 1990など）に関しては研究者間で意見が一致している。このことは，音韻的表象によって作動記憶内に情報を維持することにより，情報の参照 (McCutchen & Perfetti, 1982) や文単位での位置情報の符号化 (Seidenberg et al., 1984) が可能になるという研究結果からも支持されている。しかしながら，その音韻情報を人がどのように獲得しているのかに関しては古くから議論がなされてきた。すなわち，音韻コードがいかに抽出されるのかに関して，産出（production）と約定（stipulation）という2つの処理原則 (Berent & Perfetti, 1995) の相対的寄与の問題が議論されているの

である。産出とは基本的に表記システムは音を表わすために存在するという言語学的な事実にもとづくものであり，単語の綴りから，それを構成する書記素（grapheme）などの下位語彙（sublexical）の綴りユニットに分解し，それぞれを音韻情報に変換し，最後にそれらの音韻的断片をつなぎ合わせて単語や非単語全体の音韻情報を組み立てるという手続きである。このような「組立ルート（assembled rout）」と呼ばれる手順によって音韻情報が得られるのである。一方，約定による方法は，単語の綴りから貯蔵されている単語全体の綴り表象と照合し，その照合された単語の音韻情報を引き出してくるという手続きである（Baron & Strawson, 1976; Besner, 1990; McCusker et al., 1981; Meyer & Ruddy, 1973; Meyer et al., 1974; Paap & Noel, 1991; Paap et al., 1992; Patterson & Coltheart, 1987; Patterson & Morton, 1985 など）。このような「引き出しルート（addressed rout）」と呼ばれる手順によって音韻情報が得られるのである。

　この問題は，視覚的に提示された単語が同定され，その単語に関する情報が利用可能になること，すなわちレキシカル・アクセスが達成されるためには，音韻情報が必要になるのか，あるいは音韻的符号化を行なわなければならないのかという問題である。

## 第4節　単語の視覚的認知における音韻的符号化の役割に関する議論の歴史

### (1) Rubenstein et al.（1971a）の研究

　レキシカル・アクセスは，1）音韻的符号化によって媒介されるのか，2）音韻的符号化を必要としないのか，3）それともどちらの場合も考えられるのかという問題は認知心理学者たちの関心を集め，数多くの研究を産み出した。またこの問題に関する優れた展望論文も数多く公表され（Besner, 1987; McCusker et al., 1981; Patterson & Coltheart, 1987; Van Orden et al., 1990 など），視覚的単語認知研究のほとんどはこの問題を扱っているといっても過言ではない。ただし，ここでいう音韻的符号化とは聴覚的言語の認知で使われる音韻的符号化とは別のものであると仮定されていた。

　この問題を扱った比較的初期の研究として，Rubenstein et al.（1971a）の研

究をあげることができる。その実験結果は，彼らが考えていた単語認知に関する仮説と一致するものであった。その仮説は以下の3点にまとめることができる。1）語彙エントリー（lexical entry）は，その音韻的表象によって検索される。2）視覚的に提示された単語は，検索の前に音韻的表象に符号化されなければならない。3）いったんターゲット語と語彙項目の適切な音韻的マッチングが成功すると，第2のマッチングは表記の類似性にもとづいて行なわれる。

このような考え方は，その後，リーディングの際の音韻的符号化に関する多くの研究を誘発することになった。そして，それらの研究は，レキシカル・アクセスに際して，音韻的符号化を必須とする立場と，それを必須としない立場に二分された。前者のタイプのアクセスは主として音韻的アクセス，間接的アクセス，あるいは語彙的アクセスと呼ばれるのに対して，後者のタイプのアクセスは視覚的アクセス，直接的アクセス，あるいは非語彙的アクセスと呼ばれる。レキシカル・アクセスに際して重要な役割を担うのは，前者では音韻的表象であるのに対して，後者では綴りの表象である。

## (2) 音韻的符号化を支持する研究

レキシカル・アクセスに際して，音韻的符号化の必要性を主張する実験的証拠は，主として単語の規則性効果（word regularity effect），同音偽単語効果（pseudohomophone effect），および同音語効果（homophone effect）と呼ばれる現象から得られる。

単語の規則性効果とは，英語における文字素-音素対応規則（grapheme-phoneme correspondence rule）に則って綴られていない不規則語は，その規則に則って綴られた規則語より認知が遅れるという現象である。すなわち，音韻的変換が困難と考えられる不規則語とその変換が容易と考えられる規則語との間に生じる認知時間の差により音韻的符号化の存在を示そうとしたものである。たとえば，Stanovich & Bauer（1978）は語彙判断課題と命名課題を用いて，また，Bias（1979）はカテゴリー判断課題を用いてこの効果を報告し，レキシカル・アクセスにおける音韻的符号化の存在を示唆している。しかし，Coltheart et al.（1979）は語彙判断課題でこの効果をみいだしてはいないし，Henderson（1982）のように，この効果がレキシカル・アクセスのプロセスと

密接な関係にあるかどうかについて懐疑的な見解もある。

　また，同音偽単語効果に関しては，前述の Rubenstein et al. (1971a) が，語彙判断課題を用いた実験で次のようなことを実証した。すなわち，同音偽単語（実在の単語と同様に発音されうるが，綴りが異なる非単語。たとえば，NAIL に対する NALE）と偽単語（pseudoword：発音可能ではあるが，その音に対応する実在の単語は存在しないような非単語。たとえば，NALF）を提示し単語であるか否かの判断を求めたところ，同音偽単語の方が偽単語より否定反応の反応時間が長く，誤反応率も高かった。この効果はいくつかの実験によって追証されている（Bias & McCusker, 1980; Coltheart et al., 1977; Patterson & Marcel, 1977 など）。また別の実験において，同音語をもたない単語はそれをもつ単語にくらべて肯定反応の反応時間が短いことも示された。この効果は同音語効果と呼ばれているが，この効果については，他の実験ではみいだされなかったり（Coltheart et al., 1977），リスト中の非単語に同音偽単語が含まれないときだけにみいだされる（Davelaar et al., 1978）など，それほど頑健なものではない。したがって，否定反応が予測される刺激についてのみ音韻的符号化の証明ができていることになり，実際の単語の処理に一般化できるか否かについては明らかではない。しかし，同音偽単語効果と同音語効果のいずれもが，レキシカル・アクセスにおける音韻的符号化の必要性を支持する証拠であると Rubenstein et al. (1971a) は主張している。

　また，Van Orden (1987) は，意味的分類課題を用いた複数の実験を行ない，アクセス前の音韻的符号化という考え方を支持している。そこでは，まずカテゴリー（たとえば，WILD ANIMAL）のメンバー（たとえば，BOAR）の同音語（たとえば，BORE）に対して誤ってメンバーと分類する反応が，そうでない単語（たとえば，BORN）より多いことが示された。別の実験では，同音語と綴りの類似する単語を用いた場合，その単語に対する誤反応が類似しないものより多いという結果も得られており，綴りの類似性による可能性も示唆された。しかし，それとともに刺激語がマスクされた場合，同音性の効果は残るが綴りの類似性の効果は消失することがみいだされ，綴りの類似性によってこの結果は説明できないことになった。これらのことから Van Orden (1987) は，レキシカル・アクセスにおける音韻的符号化の重要性を主張した。さらに，

Van Orden et al. (1988) は，意味的分類課題において，単語と同音の非単語に対する誤反応（false positive error）がそうでない非単語よりも多く生じることを示し，これら一連の効果がレキシカル・アクセス以前に音韻的符号化が生じていることの証拠としている。

## (3) 音韻的符号化を支持していない研究

一方，レキシカル・アクセスに際して，音韻的符号化は必ずしも必要ではないという見解からすれば，不規則語であっても発音したり理解したりできるという事実がその根拠となる（Taft, 1991）。不規則語とは，単語中のある書記素－音素関係が，典型的にその文字素に対応する音素とはなりえない単語をいう。たとえば，書記素（grapheme）EA は規則的には【íː】という音素に対応するので，STEAL や TREAT は規則語である。一方，BREAK や SWEAT の場合は，そのような規則的な書記素－音素対応が認められない例外的な発音をもつため不規則語となる。このような不規則語の場合は，語彙項目にアクセスし，そこに貯蔵された情報によってのみ発音可能になるはずである。

音韻的符号化を必要としないことを支持する研究の多くは，必要とする立場が主としてそのよりどころにしている同音偽単語効果や同音語効果が，音韻的符号化の結果として生じているのではなく，綴りの類似性によって生じていることや，あるいはこれらの音韻的効果がどの段階で生じるのか（アクセス前なのかアクセス後なのか）が定かではないということを示そうとしてきた。たとえば Taft（1982）は，語彙判断課題で用いる非単語が同音偽単語の場合と同音語をもたない非単語の場合を比べると，非単語と単語の綴りの類似性が異なることに注目した。それまでの研究で非単語として用いられた同音偽単語は，同音語をもたない非単語の場合より実在の単語との綴りの類似性が高かったというのである（たとえば，同音偽単語 LEEF はそのもとになる単語 LEAF と綴り上類似しているが，同音語をもたない非単語 NEEF は実在する単語との綴り上の類似度が低い）。そこで語彙判断課題で用いる非単語が同音偽単語であっても同音語をもたない非単語であっても，単語との綴り上の類似度を同程度としたところ（たとえば，同音偽単語として LEEF を用い，同音語をもたない非単語として DEEF を用いれば，それぞれ実在の単語である LEAF や

DEAFと綴り上同程度に類似することになる），両タイプの非単語に対する語彙判断に差が生じなかったことを報告している。

### （4）認知神経心理学的研究からの知見

　レキシカル・アクセスにおける音韻的符号化の必要性に関する議論には，認知神経心理学的研究も大きな影響を与えている。視覚的単語認知に関する認知神経心理学では，主として乖離（dissociation）や二重乖離（double dissociation）から得られた証拠をもとに，レキシカル・アクセスにおいて複数の独立した情報処理が行なわれていることを示してきた。一般に，乖離とは，ある患者におけるある機能の一側面は障害を受けたが，別の側面は保持されている場合を指し，これによって異なる複数の処理システムの存在が示唆される。一方，二重乖離とはその逆のパターンを示すような患者も認められた場合を指す。これは単なる乖離以上に独立した処理システムの存在を強く主張する証拠となり，複雑な認知的機能の構成要素を見極めるための確固たる手段となる（Shallice, 1988）。

　これまでの獲得性失読症（acquired dyslexia）に関する研究では，レキシカル・アクセスにおいて音韻的符号化が必要か否かという議論は問題を過度に単純化したものであることを示唆するデータが得られている（Coltheart, 1985 など）。というのは，獲得性失読症にみられるレキシカル・アクセスにおける機能障害に関する報告を総合すると，少数のタイプに分類が可能（Coltheart et al., 1980; Marshall & Newcombe, 1973; Newcombe & Marshall, 1981; Patterson, 1981; Patterson et al., 1985）であったものの，それらを音韻的符号化の障害というように単一の考え方で説明することは困難であったからである。

　それというのも獲得性失読症の症状に二重乖離が認められ，音韻的符号化に関して対照的な失読症のタイプの存在が明らかとなったためである。それらは音を介した読みのルートの存在を示唆する表層性失読症（surface dyslexia）と呼ばれるものと，音を介さないルートの存在を示唆する音韻性失読症（phonological dyslexia）あるいは深層性失読症（deep dyslexia）と呼ばれるものである。

　表層性失読症は，親近性の高い単語であっても見かけない単語であって

も同じように1つの単語をバラバラに区切って発音するという症状に対して，Marshall & Newcombe（1973）が名付けた名称である。また，そのような症状に加えて不規則語を発音する場合にそれを規則語として発音する（McCarthy & Warrington（1986）の例では，HAVE を【héɪv】と発音する）という規則化エラーを犯すという症状を呈する2つの事例が報告されている。さらに，いずれの事例においても患者は正しく読み上げた単語は正しく理解できるが，誤って読み上げた単語に関しては，ときとして本来の単語ではなく誤って発音した単語として解釈した（たとえば，begin を誤って beggin と読み上げた場合，お金を集めることと解釈した）。また，Bub et al.（1985）では，規則語や高頻度の不規則語で障害は認められないのに対し，低頻度の不規則語の発音や理解ができないあるいは不規則語の発音を規則化する傾向が認められる症状が報告されている。ただ，必ずしもこのようにはっきりとした症状が表層性失読症について常に認められるわけではないことを付け加えておく必要がある。

　音韻性失読症に関する Shallice & Warrington（1980）の症例報告によれば，その患者はかなりの数の単語を読むことができたが，発音可能な非単語の読みの障害は重篤であった。また，Funnell（1983）では，ほとんどの単語を読めたにもかかわらず，非単語の読みは全くできない症例が報告されている。また，Marshall & Newcombe（1973）が深層性失読症と命名した症例では，発音可能な非単語の読みに障害を受けていることに加えて，単語を読む場合の興味深い誤りが報告されている。その患者における主な誤りは，TALL を LONG と読むというような意味的誤り，MOMENT を MEMORY と読むというような視覚的誤り，CHILD を CHILDREN と読むというような派生語的誤りであった。

　このような報告をまとめると，単語のリーディングにおいて，ある一群の獲得性失読症患者は，視覚的なルートは障害を受けていないが，音韻的なルートの障害を受けており，また別の一群の患者は，逆に，視覚的なルートは障害を受けているが，音韻的なルートは障害を受けていないということになる。前述の二重乖離に該当するこのような知見から，健常者の視覚的単語認知における音韻的符号化に関して，それを必要とするルートとそうでないルートが存在する可能性が示唆される。もちろん，上記の失読症患者の症例が，健常者のリー

ディングという情報処理を構成する諸要素のうちのある部分が障害を受け，残存した構成要素を用いてリーディングを行なっているということが前提になっている点に注意する必要がある。すなわち，健常者が通常のリーディング事態では用いない方略を失読症患者が補償的な方略として特別に用いているのであれば，これらの認知神経心理学からの示唆は有効なものとはいえなくなるであろう。この点について，健常者を用いた認知心理学からの知見の果たす役割は大きいと考えられる。

いずれにせよ，1980年ごろまでの視覚的単語認知の研究において議論されていたように，レキシカル・アクセスに音韻的符号化が必要か否かという議論の中でいずれか一方の立場を主張するよりも，どちらの側面をも含めた複数の処理ルートを仮定する必要のあることが，ここに紹介した認知神経心理学的研究から示唆されたのである。このような考え方は，以下に述べる二重ルートモデルに発展していくものと考えられる。

### (5) 二重ルートモデル

上記のような認知神経心理学からの知見に加えて，健常者を用いた語彙判断課題における同音偽単語効果はかなり頑健な効果として多くの実験で認められた（Besner & Davelaar, 1983; Dennis et al., 1985; Patterson & Marcel, 1977など）。また，その一方では，同音語効果はみいだせないという結果（Coltheart et al., 1977）などから，レキシカル・アクセスにおける二重ルートモデル（Coltheart, 1978, 1980）が支持されるようになった。

この二重ルートモデルでは，アクセス時に用いられるルートとして，それまで議論されてきた音韻的符号化を前提とする間接ルートと，視覚的形態にもとづく直接ルートのどちらもが並列して存在するとされている。このモデルによれば，2つのルートは独立して機能すると考えられるが，それぞれ異なった処理速度が仮定されている。すなわち，直接ルートは相対的に処理速度が速いが，間接ルートは単語より下位のユニットに対応する音韻に変換して音韻的表象を組み立てる（Patterson, 1982）ので遅くなる。したがって，通常のリーディングの事態では，直接ルートによるアクセスが優先されるのである。反対に，例外的な事態（たとえば，非単語が提示されるような事態）では，直接ルートに

よるアクセスができないため，間接ルートによって得られた結果を参照することになる。このモデルでは同音偽単語効果を次のように説明することができる。すなわち，同音偽単語は非単語であるために直接ルートで適切な語彙項目がみつけられない。一方，間接ルートによって得られた結果は実在する単語と音韻的に同一であるため，その干渉を受けて反応時間の遅延や正答率の低下が生じると考えられる。また，同音語効果はそれが単語に対する効果であり，単語は直接ルートによって得られた結果を用いて語彙判断が行なわれるので音韻的類似の影響は生じないと説明でき，仮に生じたとしてもそれはむしろ綴りの類似性の影響，つまり直接ルートの関与の結果と説明できる。

　二重ルートモデルを強く支持する実験結果として，低頻度語では不規則語に対する反応時間が規則語に対する反応時間よりも長くなるという規則性効果（regularity effect）が認められるが，高頻度語では不規則語でも規則語でも反応時間が異ならないという，単語の規則性効果と頻度効果の交互作用をあげることができる。二重ルートモデルからは，高頻度の不規則語は直接ルートを介して素早く処理されるので音韻的符号化が関与する間接ルートの影響は受けないが，低頻度語では間接ルートの影響を受けるであろうと予想できるからである。実際，低頻度語のみにみられる規則性効果を示す実験結果が数多く存在する（Andrews, 1982; Brown et al., 1994; Paap & Noel, 1991; Seidenberg et al., 1984; Taraban & McClelland, 1987）。したがって，非単語や低頻度語ではなく通常の単語のレキシカル・アクセスにおいては，必ずしも音韻的符号化の必要性は認められないという結論が得られているといえる。

　さらに，直接ルートの中にも2つのルートがある。1つは単語の視覚的な形態との連合によって単語の意味が検索された後，単語の意味から音韻にアドレスする場合であり，もう1つは単語の視覚的形態が認知されてから音韻がアドレスされ，その後に意味が検索される場合である（Morton & Patterson, 1980）。Humphreys & Bruce（1989）はこれらを，意味にもとづく直接ルートと形態にもとづく直接ルートと呼んでいる。特に，間接ルートと形態にもとづく直接ルートはいずれも意味に先立って音韻にアドレスするために混同されやすいと思われるが，両者の違いは，間接ルートでは文字や文字群を音へと変換する規則を利用して単語の音を組み立てるのに対して，形態にもとづく直接ル

ートでは単語全体の視覚的パターンの符号化によって当該の単語に関する知識から音を得る点で異なる。

## 第5節 1980年代中頃までの単語認知における日本語の表記文字の影響に関する研究

### (1) 単語認知における表記文字の影響

　日本語では表記文字によって綴りと音との対応の程度が異なるために，表記文字によって視覚的単語認知における音韻的符号化への相対的依存度が異なることを示す研究がこれまで日本において数多くなされてきた。そこでは，二重ルートモデルの枠組みの中で漢字単語とかな単語について処理が異なることを説明しようとしてきた。前述のように，日本語は漢字とかな文字という，綴りと音との対応が異なる2つのタイプの文字を併用しているため，これらの比較を通じて音韻的符号化の役割の相対的な違いを示すには格好の言語であったといえる。

　ただし，表記文字に焦点を合わせた単語認知研究を刺激したのは，漢字とかな文字を用いた神経心理学的研究であった。特に，脳損傷患者や健常者を用いた神経心理学的研究では，漢字とかな文字を用いて，刺激の材料属性が左右大脳半球における処理の優位性に影響するという機能特殊化説（Kimura, 1966）を検討する中から，この問題が扱われてきた。

### (2) 表記文字を扱った神経心理学的研究

　Broca（1861）やDax（1865）による，人間では左大脳半球損傷により言語機能障害が生じやすいという報告に端を発した言語機能の左大脳半球局在という考え方は，その後全体論（Goldstein, 1927など）からの批判に遭い一時低迷するものの，1950年代にMyersやSperryらの脳梁離断動物を用いた神経心理学的研究により1960年代に再び脚光を浴びることとなった。その後，人間の離断脳患者を対象としたSperry（1961）やその他の諸研究，さらには片視野瞬間提示法や両耳分離聴法などといった大脳半球機能差の研究法の開発によって，健常者を対象とした多くの大脳半球機能差研究が触発された。

当時の健常者を被験者とした研究では，視覚・聴覚機能の大脳半球機能差を刺激属性を変数として検討し，大脳半球機能の説明モデルとして Kimura (1966) の機能特殊化説が盛んに議論された。すなわち，左右大脳半球は特定の機能に関してそれぞれ特殊化しており，その特殊化の程度が左右半球間の認知の正確さや速さに反映されるというものである。言語刺激の認知に関していうならば，左右視野間や左右耳間に生じた正答率や反応時間の差が大脳半球の機能優位を反映したものとして説明される。文字や単語を刺激とした言語機能の大脳半球機能差を検討した研究として，Bryden & Rainey (1963) や Kimura (1966)，Bryden (1966)，Ellis & Shepherd (1974)，Hines (1976)，Mackavey et al. (1975) などがある。その中でも，Bryden & Rainey (1963) を先駆け的研究としてあげることができる。彼らはローマ字のアルファベットの大文字を 10 ミリ秒の間，左右の視野に瞬間提示し，被験者にその文字が何かを報告させた。正答率は左視野に提示された場合が 32.5% であったのに対し，右視野に提示された場合は 63.8% であり，左大脳半球優位を示唆した。この結果と同様に，言語刺激の視覚的認知では右視野優位すなわち左大脳半球優位となることが上記の研究以外にも数多く報告されている。

　このような状況の中で，日本語の漢字とかなの認知における大脳半球機能差は，海外を含め多くの神経心理学研究者の関心を集めることとなった。その主たる理由は，漢字がローマ字のアルファベットと同じく言語材料でありながら Kimura の説には適合しない例外的な結果をもたらしたことによる。日本語の文字の中で漢字だけは右視野優位すなわち左大脳半球優位を示したのであった。このことが世界の研究者に知られることになったのは Hatta (1977) や Sasanuma et al. (1977) の研究による。Hatta (1977) は，漢字材料の認知における大脳半球機能の役割が，ローマ字のアルファベットを使用した実験で確かめられた，言語性材料認知＝左大脳半球機能優位の図式に適合するか否かを片視野瞬間提示法を用いて検討した。その結果，漢字 1 文字の同定成績は左視野に提示された方が優れ，右大脳半球機能優位を示唆した。これは，ローマ字のアルファベットを用いたそれまでの研究とは異なる結果であった。また，Sasanuma et al. (1977) でも，漢字 2 文字をランダムに対にして配列し，左視野優位すなわち右大脳半球優位を示唆する結果を得ており，その後の多くの研

究でこの事実は追証されている。なお，カタカナについてはHirata & Osaka（1967）が，ひらがなについてはHatta（1976）がそれぞれKimuraの機能特殊化説と一致する言語材料における左大脳半球機能優位をすでに実証していた。

　これら一連の神経心理学的研究を端緒として，この分野における漢字とかな文字の認知における大脳半球機能差がその後盛んに研究されるようになった。

　他方，脳損傷患者を用いた研究においても漢字とかな文字の問題が取り扱われてきたが，ここから得られた結果もまた漢字とかな文字の情報処理の違いを示唆するものであった。そこでは次のような症例をもとに議論されている。すなわち，ある患者ではかな文字で表わされた非単語の命名やかな単語の読みの成績は非常に低く，漢字単語では比較的成績が保持されていた。一方，別の患者ではその逆に漢字単語の読みの成績は低いが，かな単語では比較的成績が保持されているという場合がある。このような二重乖離がみられる症例の組み合わせから，漢字とかな文字の情報処理の違いが考えられたのである。井村（1943）の症例を端緒として，漢字認知とかな認知に関する症例研究は数多く報告され，すでにすぐれた評論もあるので（Kuwahata & Nagata, 1988; Sasanuma, 1975; 山鳥，1980），個々の研究に関してはここではこれ以上言及しない。

　このように，神経心理学的研究では，大脳半球機能差解明の手段の1つとして日本語の異なる文字体系を材料変数として取り扱った実験報告が多数存在する。むしろ，心理学における漢字とかな文字という問題を取り扱った研究を，これらの神経心理学的研究が牽引してきたといえるほどである。ところが，視覚的単語認知における文字の種類による処理そのものを解明しようとした研究は数少ない。梅村（1981）も指摘しているように，学習の困難度や教授法の問題としてこの問題を研究しようとしたものが散見できる程度であり，特に認知心理学からこの問題を実験的に検討した研究はきわめて少なかった。

## （3）表記文字を扱った認知心理学的研究

　漢字とかな文字という文字の特性に着目し，その意味処理過程の相違を認知心理学的に検討した初期の研究としては海保（1975）をあげることができる。そこでは，漢字1文字からなる単語とそれをかな文字で表わしたものを同時に

数項目（2から6項目）提示し，それらが同一のカテゴリーに属するか否かの判断に必要な反応時間が測定された。漢字表記語とかな表記語を比較した部分について述べると，すべての条件で漢字表記語に対する判断時間の方が短かった。この結果およびその他の分析結果を総合し，海保（1975）は漢字表記語が形態情報から直接意味が引き出されるのに対して，かな表記語は音韻的符号化を介して意味処理がなされると結論している。御領（1987）も漢字表記語とその単語に対応するかな表記語を別々に10項目提示し，視覚的探索課題を行なわせたところ，形態的な探索ではかな表記語条件の方が速く行なわれたが，意味的な探索では漢字表記語条件の方が速く行なわれ，漢字の拍数の効果は認められなかったと報告している。これらの結果から，意味処理を求める課題では，かな表記語の場合は音韻処理が必要であるが，漢字表記語では音韻処理を必要としない可能性を示唆している。また漢字を用いて同様の結果を得た研究に王（1988）がある。

　さらに，二重ルートモデルを念頭におき，その枠組みの中で漢字表記語とかな表記語の処理の相違を検討したものとしては齋藤（1981）がある。彼は，漢字で表わすのが普通である漢字2文字からなる漢字表記条件と，その単語をかなで表記したかな表記条件，さらに単語を構成する2文字のうち前の1文字をかな文字で表わす後漢条件および後ろの1文字をかな文字で表わす前漢条件を刺激に用いて命名課題における反応時間を測定している。この実験における主な結果は次のようなものであった。すなわち，1）かな表記語は漢字表記語より速く読みあげられ，また後漢条件は前漢条件より速く読みあげられる。2）かな文字が混在している3条件で音節数の増加による反応時間の増大が認められたが，漢字表記語ではそうではなかった。さらに，文適合判断課題（ある単語が文に適合し，意味の通る文になるか否かの判断課題）を用いた実験において，黙読条件では漢字表記語の方がかな表記語より速く判断が遂行された。そしてこれらの結果から，漢字表記語のレキシカル・アクセスに際しては視覚的提示された単語から音韻的符号化を必要としない直接的なアクセスが行なわれるのに対し，かな表記語の場合は音韻的符号化がアクセスの前に必要であると結論している。図1-1は，この実験結果に照らして齋藤が示した各表記語の処理ルートである。

漢字の場合

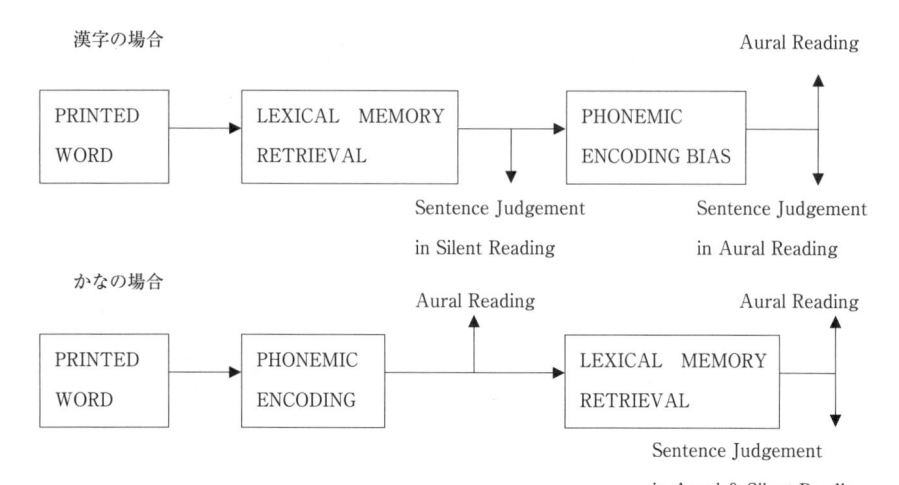

```
PRINTED WORD → LEXICAL MEMORY RETRIEVAL → PHONEMIC ENCODING BIAS → Aural Reading
                         ↓                           ↓
              Sentence Judgement          Sentence Judgement
              in Silent Reading           in Aural Reading
```

かなの場合

```
PRINTED WORD → PHONEMIC ENCODING → (Aural Reading) → LEXICAL MEMORY RETRIEVAL → Aural Reading
                                                              ↓
                                                   Sentence Judgement
                                                   in Aural & Silent Reading
```

◆図1-1　漢字表記語およびかな表記語の命名と文適合性判断における処理モデル（齋藤,1981より）

　この考え方は，漢字は表意文字であり，一方かな文字は表音文字であるという一般的に受け入れられている区分とも，かな表記語は左大脳半球で継時的・分析的な処理がなされ，漢字表記語は右大脳半球で並列的・全体的に処理されるという考え方とも一致するため説得力があり，広く受け入れられることとなった。

## 第6節　問題の所在

### (1) 研究の視点

　日本語のリーディングに関する従来の研究のほとんどは，その結果を表記の多様性・特殊性の問題に関連づけて解釈しようとしてきた。たとえば，文字と音との対応が規則的で一対一対応しているかな文字とそうではない漢字という，表音性の異なる2つの表記文字の存在に着目し，これら両者のリーディング課題における遂行成績の差をそれぞれの文字の表音性という文字自体の有する性質によって解釈しようとしてきた。そして，そこで用いられた研究方法は，視覚的単語認知の場合であれば表記文字以外の要因を統制するために，同音同義の単語を漢字で表記した場合とかな文字で表記した場合を比較する（た

とえば,"水泳"と"スイエイ"の比較)といったものであった。そして,実際,さまざまなリーディング課題においてかな表記語と漢字表記語との遂行成績の差がみいだされ,漢字では意味処理が優先され,かな文字では音韻処理が優先されるという結論が導かれた。これによって,漢字とかな文字という言語学上の分類による相違が,心的プロセスにも反映されていることを実証するのに成功したように思われる。さらに,これらの結論が言語学上の分類と対応していたために,容易に人々に受け入れられたのである。

　たしかに,表記システムの歴史からみれば,特に漢字は特別の位置にあることはすでに述べたとおりである。また,かな文字についても文字と音とが一対一に対応するという特徴をもっている。しかし,従来の実験的証拠から,このような言語学上の分類による相違が心的プロセスに反映されていると結論することはできないように思われる。というのは,従来の研究では表記文字の使用法という側面が見落とされていたからである。すなわち,漢字単語の例として"水泳"を用い,かな単語の例として"すいえい"あるいは"スイエイ"を用いて両者を比較するという従来の方法は,音や意味という点では漢字単語もかな単語も等しいといえる。したがって両者の差は表記文字の差ということになるのがこれまでの研究の論理であった。1つの言語圏内でこのような比較を行なえることが日本語の特徴であり,他の言語圏では用いることのできない方法論である。しかし,すでに述べたように,同一言語内に複数の表記が混在する日本の表記システムが,新たな方法論上の問題を生じさせることになったのである。それは,各表記文字の使用法という問題である。すなわち,それぞれの表記文字には特有の使用法があり,漢字が用いられる場合とかなが用いられる場合に分かれるのである。日常的に主として漢字が用いられる単語(たとえば,"水泳")と主としてかな文字が用いられる単語(たとえば,"テニス")は異なるのが普通である。ところが,従来の研究はこのような表記文字特有の使用法という側面についてはまったく検討していない。

　文化人類学の立場から,Pike(1967)は,異文化比較のアプローチをイーミック(emic)とエティック(etic)の2つに区分している。これらの用語は,言語学における音素論(phonemics)と音声学(phonetics)におけるアプローチの仕方の対比にちなんだ造語である。すなわち,イーミックとエティックは

これら2つの研究領域におけるアプローチの特徴を指し示しているのである。音素論は同一言語内で用いられる音声を検証するのに対し，音声学は各言語における音素学研究をすべての言語へと一般化する。したがって，イーミックなアプローチでは特定のシステム内において対象を捉える基準があり，それぞれのシステム内で意味をもつ要素を扱う。一方，エティックなアプローチでは対象を捉える基準がシステム外に存在し，特定のシステム内ではなく普遍的な要素を扱う。異なるシステム間の比較を行なおうとする場合，科学的研究法として一般に用いられるエティックなアプローチだけではなく，イーミックなアプローチを用いることも各システムの独自性を捉える上では必要であると考えられる。

　表記システムの心理学的プロセスへの影響という課題にこの考え方を適用すれば，次のようになる。すなわち，従来行なわれてきた漢字とかな文字で表記したそれぞれの言語刺激に対する心理学的プロセスを比較するという方法は，同音同義の単語という共通の基準で漢字とかな文字を比較しているという点ではエティックなアプローチに類似している。このアプローチでは，必ずしも現実の言語環境を反映した言語刺激が用いられているとは限らない。このアプローチに対して，漢字単語は漢字で表記される単語，かな単語はかな文字で表記される単語というように分けて捉え，それぞれの表記文字内での基準で言語刺激を抽出しようとする試みは，イーミックなアプローチに類似している。このアプローチでは，現実の言語環境における各表記文字独自の特性が保持された言語刺激を用いることができるのであり，書きことばとしての漢字単語，書きことばとしてのかな単語というそれぞれの独自性を明らかにすることが可能になると思われる。

　書きことばを材料とした心理学的研究が日常的に接する日本語の視覚的言語環境と同じ状況で行なわれることによって，話しことばを単に綴ったものとしての書きことばではないという独自性を視野に入れた研究を可能にするといえる。もちろん，このことは書きことばと話しことばの関連性を無視し，分離して考えるべきであるということではない。むしろ，話しことばの従属物としてしか捉えられてこなかった書きことばについて，その独自性を無視してはならないという主張なのである。音という側面では話しことばと共通点をもちなが

らも，書きことばのみがもつ多様な情報がリーディングには関与していると考えられる。そして，それが語彙表象の形成や言語処理に影響していることを示すこと，あるいはどのように影響しているのかを検討することは，リーディングの本質を明らかにする上で，必要不可欠であると考えられるのである。

## (2) 第Ⅰ部の研究の構成と目的

　これまでみてきたように，日本語のリーディングに関する研究は，その分類の適切性はともかく，表意文字と表音文字という対立，すなわち漢字とかな文字あるいはローマ字のアルファベットとの対立という図式の中で行なわれてきたことは否定できない。そこではテキストのリーディング課題や視覚的単語認知課題における遂行成績の差について，漢字やかな文字といった言語学上の特徴による説明が試みられたのである。その結果，過度な漢字の表意性の主張とかな文字の表音性の主張が顕著になり，漢字単語の視覚的単語刺激としての役割の過大評価，およびかな単語の視覚的単語刺激としての役割の過小評価をもたらした。

　このような背景には，中国や日本あるいはその他の諸国における，漢字を特別視する傾向がある。これは「表意文字の迷信」(DeFrancis, 1984) と呼ばれているものである。これによって日本における読書障害児の発生率が顕著に低い原因が日本の表記システムにあるとする言語学的には説得力のある主張がなされ，そのまま十分に吟味されることもなく諸外国にも受け入れられることになった。そして，さらにこのような研究結果が日本の表記システムの特殊性を検討する研究を触発し，国内外の研究者によって，日本の表記システムの中でも特に漢字を用いた視覚的単語認知研究が精力的に行なわれるという結果になったのである。しかし，さまざまな表記システムが自国の話しことばに適合して発展してきたと考えられるにもかかわらず，その結果生まれたさまざまな表記システムが読書障害児の発生率の多寡という心理学的相違を生じさせるという主張には疑問がある。この日本における読書障害児の発生率の問題については，第2章第1節において再検討することにする。これによって，日本の表記システムや表記文字がリーディングにおける心理学的プロセスに影響するという主張を支える1つの根拠を再検討する。

また，視覚的単語認知研究における漢字単語とかな単語の処理の違いに関する諸研究についても，その視覚的認知における処理が異なると結論づけるのに十分なだけの検討が行なわれているとはいえない。それにもかかわらず漢字単語とかな単語では単語を構成する表記文字における言語学上の性質が異なるという前提があるために，その処理も異なるという主張が比較的安易に受け入れられ，漢字とかな文字を用いた視覚的単語認知研究における方法論上の問題点が検討されてこなかったといえよう。これまでは同音同義の単語の場合に漢字とかな文字という表記によって単語認知課題の遂行成績が異なることを示す実験データが，これら両表記による単語の認知プロセスが異なるという主張の根拠となっていた。しかし，両表記による単語は表記と単語との親近性においても異なっていたのである。すなわち，従来の研究では前述のエティックなアプローチを採用したために，ある単語が漢字で表わされるか，かな文字で表わされるかという表記文字の要因と，ある単語がどちらの表記文字で表わされることが一般的で親近感があるかという表記の使用法の要因が混同されていたのである。そこで，第2章第2節においては，単語認知課題で用いられる刺激の表記と単語の親近性を要因に加え，従来の漢字単語とかな単語の認知課題における遂行成績の差違について，表記文字の使用法という観点による説明，すなわち表記の親近性による説明が可能であることを示す。そして，これによって表記文字差研究における本研究の立場の重要性を主張する。

　第3章では，第2章第2節の結果を受けて，これまでの研究でレキシカル・アクセスにおける音韻的符号化の必要性について主張されてきたかな単語を用い，単語と綴りの親近性の要因が日本人の視覚的単語認知にどのような影響を及ぼしているかを，綴り深度仮説（orthographic depth hypothesis）の検証に用いられた実験手続きを援用して検討する。綴り深度仮説とは，スペルと音との対応の一貫性あるいは複雑さの程度によって，二重ルートモデルにおけるいずれのルートが用いらるのかが決まるという考え方である。この考え方もまた言語学上の特徴が心理学的プロセスに影響するとしている。従来，この仮説の検討には命名課題に及ぼす意味プライミング効果が主として用いられてきた。第3章の実験では表記の親近性の異なる2種類の単語が命名課題にそれぞれ異なる意味プライミング効果を示すかどうか検討する。スペルと音との対応の一

貫性が高い深度の浅い綴りに分類され，単一の語彙処理ルートが想定されていたかな単語においても，表記の親近性の高低によって視覚的単語認知における語彙処理ルートに違いが生じる可能性が明らかにされるであろう。

第4章では，1文字や2文字からなるひらがなおよびカタカナの文字あるいは文字群を提示し，それらを刺激として連想される単語や熟語を調査する。ひらがな文字（群）とカタカナ文字（群）の両刺激に対する連想語に差異が認められるとすれば，日本人の言語連想においては表記文字に関する情報が重要な手がかりになっていることを示すことができる。これにより，表音文字に分類されるかな文字からなる単語の断片においても，表記が音に関する情報と同等以上の役割を担っている点が裏づけられる。

第5章では，以上の研究を総括し，それによって日本語の表記システムの特徴が日本人の言語材料の認知や語彙表象の形成に及ぼす影響を考察するとともに，今後の課題について述べる。

この第Ⅰ部で論じようとする主な問題は次の3点にまとめることができる。1）従来の研究においては表記形態が語彙処理に及ぼす効果を示す十分な実験的資料は得られていない。2）これまで表記形態の効果であると考えられてきたものは表記の親近性効果であり，表記の親近性の高低が語彙処理に影響している。3）かな単語であっても表記文字に関する情報が語彙記憶に表象されており，かなという表音文字であっても意味的に中性的であるとはいえない。

### （3）本書の研究で主として用いる言語刺激

本書の目的は，日本語の表記文字自体の特徴ではなく，表記文字の使用法という側面が心理学的プロセスに及ぼす影響を，主として実験的手法を用いて検討し，それによって話しことばとは異なる書きことば独自の単語の機能の存在を主張することである。ただし，ここでは日本語で用いられるすべての種類の文字について検討するのではなく，いずれも音節文字に分類されるひらがな文字とカタカナ文字によって綴られる2種類の単語を主として用いることにより研究を進めていく。あえて日本語の特徴の1つである漢字を本研究の中心的な課題にしなかった理由は，言語学上からも1文字で意味を表わしやすいと考えられている漢字だけではなく，表音性が主張されてきたかな文字においても，

音を表象するだけではない書きことば独自の機能が存在することを主張したいと考えたためである。また，明らかに音節文字とみなされるこれら2種類のかな文字を用いることにより，従来行なわれてきたような日本語における表記文字自体の特徴とそれらの使用法の特徴が結果の解釈において混同される可能性を避けることができ，各文字の使用法という側面が心理学的プロセスに及ぼす影響を明確にできると考えたからである。

これらの理由から，本研究では特に話しことばとの対応が規則的であるかな文字を用いた単語を材料にして上記の問題を検討していくことにする。このような材料を主として用いることにより，本研究では音節文字を用いた書きことばは，単に話しことばの音の部分を記録した記号の羅列にすぎないのか，それとも音節文字であっても音の組み合わせを表現する以上の役割を果たしうるのかという問題を検討する。

# 第2章 日本語処理における漢字単語の優位性の再検討

## 第1節 日本における読書障害の発生率に関する再検討（研究1）

### ◆問題◆

　すでに述べたように，日本における読書障害（reading disabilities）の発生率は欧米にくらべて非常に低いとされてきた。そして，その原因が日本の表記システムの特徴，特に漢字やかな文字の存在にあるとする考え方（牧田, 1976; 森永, 1981; Sakamoto & Makita, 1973）が優勢であった。他方ではこれとは逆に日本語の表記システムの特殊性を主張するための証拠として，日本における読書障害の発生率の低さがとりあげられてきた。すなわち，日本語という言語の独特の表記システムの存在と，日本における読書障害の発生率の低さや日本人の読み能力の高さを示す報告が結び付けられることにより，日本語の表記システムの特殊性がリーディングのプロセスに及ぼす影響を強調する結果となった。ただ，日本語の表記システムが欧米のものと大きく異なっていることは事実ではあるが，日本の子どもにおける読書障害の発生率の低さについては疑問がないわけではない。

　Makita（1968）は，日本における読書障害の発生率が0.98％にすぎないという調査結果を国際研究誌に報告し，これが国内外の研究者の注目を集めた。これに日本語ブームが重なり，ある種の「迷信」が定着し（Unger, 1987），それが日本語表記システムの特殊性がリーディングのプロセスに及ぼすユニークさの主張の根拠となった。特に漢字については国内外の研究者の関心の的となったのである。

　読書障害が，子どもの学業成績や社会性の発達に重要な影響を与えているということはよく知られている。その一方で，先進国と呼ばれる国々，特に欧米

における読書障害の発生率は10%から20%であるといわれている。それに比べると，Makita（1968）のデータに示された読書障害の発生率は低く，日本の表記システムは他の国にくらべて非常に優れたものといえるであろうし，他国の子どもよりも日本の子どもは書きことばの学習が容易であるということになるかもしれない。

　ところでMakita（1968）は，その論文の中で日本の専門家は読書障害について相談されたことがないと述べているが，その「専門家」は精神科医を指しており，教育心理学者や臨床心理学者を念頭においたものではない。今日においても日本人は精神科医の診察を受けることをためらう傾向があるが，Makita（1968）の論文が発表された30年以上前の日本ではなおさらそうであったと思われる。

　実際，彼の報告は現在の日本の教育現場の実状とは相容れないものがある。今日，日本の小学校の教師の学習指導面での主な関心は，子どもの約20%から30%にあたると推定される「おちこぼれ」あるいは「おちこぼし」と呼ばれる子どもたちやその予備軍（八田・林，1980; 北尾，1984a）に対する教育プログラムの開発にある。そして，読み能力の低さがその問題の原因の1つであると考えられている（北尾，1980）。さらに，標準化された読み能力検査を用いた最近の研究（Hirose & Hatta, 1985）からも，Makita（1968）の研究が的を射ているとはいい難いことが示唆されている。

　本研究の目的は，日本の読書障害の発生率を再調査することにより，より妥当性の高いデータを提供し，「日本語の神話」とさえ呼ばれている主張（Hirose & Hatta, 1985）を支持する証拠を再検討することである。読書障害の発生率が非常に低いというMakita（1968）の主張は日本の教育関係者には受け入れ難いものであるが，海外の研究者には信頼されてきた。この主張が信じられてきた主な理由は次のようなものである。まず第1に，日本の読書障害や学習障害に関する研究では英語で書かれた論文が非常に少なかったことである。第2に，日本という国が漢字やかな文字といった欧米とは異なる文字を用いており，たとえば神経心理学の分野で漢字の認知においてはローマ字のアルファベットとは異なった処理が行なわれる可能性のあることが当時報告されつつあったことも無視できないであろう。実際，Makita（1968）の研究はこの分野

の論文にしばしば引用されている。さらに，日本において疑問視されなかった理由には，読書障害の概念が十分に理解されていなかったことと，Stanford Diagnostic Reading Test，あるいは Woodcock Reading Mastery Test や NFFR Reading Test のような読み能力を測定する標準化された検査が日本にはなかったこともあげられる。もちろん前述の日本語ブームを背景に，日本語に対する「迷信」も大きく関与していることはいうまでもない。

　本研究について言及する前に，Makita（1968）の研究の方法上の問題点を次に指摘しておく。彼が読書障害と判定する方法は非常に主観的なものであった。具体的には，「知能が正常であるにもかかわらず，通常の教え方では読みの学習が特に困難である児童があなたの学級にいますか」といった質問をして，各学級の担任に答えてもらうというものである。このような主観的な方法で得られた結果についてどこまで信頼できるかは疑問である。なぜなら，書きことばを読んだり発音したりできない子どもだけを担任が読書障害とみなす可能性があるからである。この場合，音読はできるが内容を理解していない子どもは読書障害ではないと分類されることになる。

　また日本では，小学校の低学年ですべてのかな文字の音読と書字を学習する。特にかな文字の場合，文字と音節が一対一に対応しているため，かな文字の音読さえマスターすれば，かな文字で表わされた単語，さらに文の音読はその意味がわからなくてもかなり容易に行なうことができる。このことに加えて，小学校の6年間を通じて子どもたちは1006字の漢字の読み書きを学習しなければならず，その学習は児童にとって大きな負担になっている。実際，当該学年に割り当てられた漢字の学習がうまくいかない子どもが少なからず存在している（北尾，1984a）。これらの理由から，日本の子どもに読書障害が少ないという結果は受け入れ難いものがある。

　その後，日本の読書障害の発生率の低さに関する否定的な研究が，大規模な読み能力の国際比較研究によって報告されはじめた。Stevenson et al.（1982）は，アメリカ合衆国とアジアの国々の読書障害の発生率を比較する研究を行なった。彼らは，英語，日本語，中国語で作成された読み能力検査と認知課題を3カ国の小学5年生（アメリカ合衆国453名，中華民国956名，日本775名）に実施した。その結果，中国や日本でもアメリカ合衆国と同程度の読書障害が

存在することをみいだした。彼らのデータによれば，アメリカ合衆国では3％，中華民国では2％の子どもに2学年以上の遅れが認められたのに対して，日本の子どもの8％に2学年以上の遅れが認められた。この結果は，低い発生率を示したMakita (1968)の結果を真っ向から否定するものであり，日本の子どもの読書障害の率はアメリカ合衆国や中華民国よりはるかに高いことを示している。

　本研究での筆者の立場は，各国の読書障害の発生率の違いを表記システムの問題として捉えることに疑問を投げかけようとするものであるが，Stevenson et al.(1982)の結果はその立場を支持するものであった。しかし，そこで報告された読書障害の具体的な発生率に関しては，その手続きの上で疑問がないわけではない。彼らは，小学5年生に対して読み能力検査を実施し，読書能力の遅れを次のように定義した。すなわち，小学5年生のある子どもの正答率が75％未満であれば，その子どもには小学4年生用の読み能力検査が与えられる。その検査で75％以上正答すれば，その子どもは1学年遅れであるとみなされ，75％に満たなければ，その子どもは2学年遅れているとみなされたのである。その結果，日本の読書障害の発生率は1学年遅れが24％，2学年遅れが8％となったわけである。この方法は，読書障害の診断法としては非常に特異な方法であり，基準得点として75％を用いる理由も明確ではない。また，それぞれの検査が同程度の難易度を示していたという保証がない。さらに，彼らは知能検査を用いておらず，知能と読み能力検査との関係も検討されてはいない。したがって，Stevenson et al.(1982)の研究で用いられたこの基準は，読書障害の研究者の間で受け入れられてきたものとは大きく異なるといわざるをえない。

　読書障害についてはさまざまな定義が存在するが，Downing & Leong (1982)によると，「読書障害とは，通常の知能をもちながらさまざまな程度の読書困難を示す子どもたちの広範囲な一群を指す」とされている。本研究はこの定義をふまえて，読書障害を知能指数が85以上であり，読み能力検査の得点が2学年以上遅れているものと定義することにした。読書障害や学習障害に関する最近の研究論文には，ほぼこの基準に近い採択基準で被験者を選んでいるものが多い。臨床的研究では，諸症状を丹念に確かめてから選ぶこともできるが，

多人数を対象としたスクリーニング調査ではこのような方法と基準に頼らざるをえない。

また，以前の研究では標準化された読み能力検査は用いられなかったが，本研究では，北尾（1984b）が作成した8歳から13歳までの子どもについて標準化された田研式読み能力検査を用いることにした。この検査は，単語識別（文脈あり），単語識別（文脈なし），文理解，文記憶，推論の5つの下位検査から成り立っている。

本研究では，広く受け入れられている2年以上の遅滞という基準を採用し，かつ標準化された読み能力検査と知能検査を用いて調査することによって，日本における読書障害の発生率を推定し，日本語表記のリーディングにおける特殊性の根拠を検討しようとするものである。なお，付加的な資料として，読書障害の発生率の地域差や男女差も同時に検討することとする。

◆ **方法** ◆

**被験者**

被験者は公立小学校の5年生893名である。ただし，そのうち22名分のデータは知能指数の基準である85に満たなかったため用いなかった。したがって，分析したのは871名分のデータである。被験者の男女別内訳は，男子443名，女子428名であった。

社会的環境が読書障害の発生率に与える影響を検討するため，被験者は都市部と周辺部のそれぞれの小学校から抽出した。438名が都市部の小学校から，433名が周辺部の小学校からの被験者であった。表2−1は性別と社会的環境の区分による被験者数をまとめたものである。

◆表2−1　被験者の構成（研究1）

|  | 男子 | 女子 | 合計 |
|---|---|---|---|
| 都市部 | 212 | 221 | 433 |
| 周辺部 | 231 | 207 | 438 |
| 合計 | 443 | 428 | 871 |

**手続き**

被験者が所属する小学校の各教室において，あらかじめ教研式知能検査を手

引き書に従って集団的に実施した。この結果により，知能指数が85を越える子どもを後の分析のために抽出した。その後，田研式読み能力検査を手引き書に従って集団的に実施した。教育上の配慮から，読み能力検査は知能指数にかかわらず全員に実施した。

◆ **結果** ◆

**読書障害の発生率について**

　871名の読み能力検査のデータから，1学年以上の遅滞，2学年以上の遅滞，3学年以上の遅滞に該当する子どもの数を集計し，百分率に直したものが表2－2である。

◆表2－2　読み能力検査の結果から算出された読書遅滞の程度別人数の割合（研究1）

| 基準 | 被験者集団における割合 |
|---|---|
| 1学年以上の遅滞 | 29.62% |
| 2学年以上の遅滞 | 10.91% |
| 3学年以上の遅滞 | 1.16% |

　すでに述べたように，本研究では読み能力検査の成績が2学年以上遅れておりかつ知能指数が85以上の子どもを読書障害とみなすこととした。表2－2に示されたように，10.91％が本研究の結果得られた日本における読書障害の発生率である。この数字は，Makita（1968）のものからは大きくかけ離れており，欧米において行なわれた研究結果に近いものである（Holloway, 1971; Keeves et al., 1978; Morris, 1959, 1966）。いうまでもなく，異なった基準を導入すれば異なった発生率となる。たとえば，3学年の遅滞と85以上の知能指数という基準を用いれば，1.61％が読書障害ということになるであろう。また，1学年の遅滞と85以上の知能指数という基準を用いれば，29.62％の遅滞ということになるであろう。

　表2－3は，男子と女子における読書障害の発生率の相違を示している。$\chi^2$検定の結果，男子における発生率は女子よりも有意に高かった（$\chi^2 = 8.85$, $df = 1$, $p<.01$）。また，表2－4は都市部と周辺部における読書障害の発生率を示している。$\chi^2$検定の結果，これらの発生率の間に有意な差は認めら

れなかった（$\chi^2 = 1.05$, $df = 1$, $ns$）。

◆表2-3 読書障害（2学年以上の遅滞という基準）の男女別発生率（研究1）

| 性別 | 発生率 |
|---|---|
| 男子 | 29.62% |
| 女子 | 1.61% |

◆表2-4 読書障害の地域別発生率（研究1）

| 地域 | 発生率 |
|---|---|
| 都市部 | 9.82% |
| 周辺部 | 12.01% |

**読書障害の知能指数分布**

表2-5は，読書障害と分類した子どもの知能指数の分布状況を示している。この表のとおり，読書障害は広範囲の知能段階において発生しており，読書障害の原因を必ずしも知能の問題のみに帰属できないことが示唆される。

◆表2-5 知能指数の各段階における読書障害児の発生率（研究1）

| | | | | IQ | | | | |
|---|---|---|---|---|---|---|---|---|
| — | 90 | — | 100 | — | 110 | — | 120 | — | 130 | — |
| 38.2% | | 25.4% | | 25.5% | | 7.3% | | 3.6% | | 0.0% |

◆ **考察** ◆

以上の結果から次の3つのことが明らかとなった。まず第1に，日本の読書障害はこれまで信じられてきたように稀なものではなく，欧米と同程度に発生しているということである。本研究における読書障害の発生率の推定値は10.91%であり，この結果から日本の表記システムの特殊性のために読書障害が少ないという主張は否定されることになる。第2に，読書障害の発生率における性差から，女子よりも男子において高いことが示された。この結果は従来の諸研究と一致するものであり（Downing & Leong, 1982; Lovell et al., 1964），欧米諸国と同様に日本においても男子の読書障害の率は女子にくらべて高いといえる。第3に，都市部の子どもと周辺部の子どもの発生率に違いがなかったが，この結果は，環境要因，その中でも社会経済状況が読書障害の発生率に

影響するというRutter & Madge（1976），Barton & Wilder（1964），Valtin（1978-1979）などの研究結果とは一致しない。この結果は欧米にくらべて日本の社会がかなり均一な状態にあり，都市部と周辺部に住む人々の社会経済的な状態がさほど変わらないことによると思われる。ただ，第2，第3の結果は本研究の中心的な目的からずれるので，ここではこれ以上言及しないことにする。

本研究の主たる目的は，Makita（1968）の報告以来海外や日本の研究者によって信じられてきた日本における読書障害の発生率の極端な低さについて，標準化された検査を用い，かつ比較的広く受け入れられている基準を用いて再調査することにより，これを説明するために用いられる「日本語の神話」を再検討することであった。

従来の報告（Makita, 1968; 牧田, 1976; 森永, 1981; Sakamoto & Makita, 1973）においては，日本における読書障害の極端な低さに対して次のような説明がなされてきた。すなわち，日本語の表記システムが他の表記システムと比べて大きく異なっている，あるいは優れたものであるために，読書障害の発生率が非常に低いという説明である。さらには日本の読書障害発生率の極端な低さが，日本語の表記システムのユニークさの証として語られてきたのである。言語学的には，日本は欧米のローマ字によるアルファベットとは異なる表記システムをもっている。しかし，そのことが他国の言語に比べて日本語の学習や理解を容易にしているかどうかは十分に明らかにされているわけではない。それにもかかわらず，これらの研究はその後の漢字やかな文字を用いた単語認知研究を単に動機づけただけでなく，日本語の表記文字の言語学的特徴がリーディングにおける心理学的プロセスに影響を与えるという考え方を支持し，その中でも特に漢字単語における意味処理の優位性の主張の根拠になったのである。

しかし，本研究の結果は，Makita（1968）の結果を支持するものではなかった。すなわち日本の読書障害の発生率は欧米に比べて特に低いわけではなく，むしろ同程度であることが明らかとなったのである。本研究の結果は少なくとも読書障害の発生率においては，欧米の表記システムと日本語の表記システム間に差異が認められず，従来信じられてきた読書障害の発生率の低さが日本語の表記システムの特殊性や優越性を主張する根拠にはなりえないことを明らかにし

たといえる。

## 第2節 漢字単語とかな単語の意味判断課題に及ぼす表記の親近性効果(研究2)

◆問題◆

　第1章で述べたように，表意文字（または，表語文字）からなる漢字単語と表音文字（または，音節文字）からなるかな単語は言語学上異なる性質をもっているとされており，それぞれの綴りが音を表わす程度において異なることから，これら2種類の文字からなる単語の情報処理の違いに研究者の興味が集中した。そして，その違いは二重ルートモデルの枠組みの中で説明されることが一般的であり，漢字単語は視覚的な直接ルートを介し，かな単語は音韻的な間接ルートを介してレキシカル・アクセスが行なわれるとされた（McCusker et al., 1981; Morton & Sasanuma, 1984; 齋藤, 1981; Sasanuma, 1980 など）。すなわち，漢字は表意文字であるために他の文字とは異なる処理が行なわれるという説明であり，これは漢字に対する特別視すなわち「表意文字の迷信」（DeFrancis, 1984）を支持するものであった。

　数多くの視覚的単語認知に関する実験結果が，漢字単語とかな単語における処理ルートの違いを示唆している。しかし前にも述べたように，これらの研究は実験材料の統制において問題がある。従来，漢字単語とかな単語の視覚的単語認知過程の研究で用いられてきた手法は，漢字で表わされることの多い単語（たとえば，"水泳"）とその単語をかな文字で表わしたもの（たとえば，"スイエイ"）であった。直接に単語の処理ルートを検討したものではないが，健常者の大脳半球機能差研究においても，このような漢字単語（または漢字1文字）とそのかな表記語との比較という手法を用いてきた。そこには同音同義の単語を用いることによって表記文字以外の要因を統制しようというねらいがあった。

　しかしながら，これらの比較は漢字単語とかな単語という単なる表記文字自体の性質の違いだけではなく，それぞれの綴りに遭遇する頻度が明らかに異なると考えられる。したがって，このような視覚的に提示された刺激語を用いた場合の，漢字単語とかな単語の認知課題における反応時間の差は，純粋にかな

文字で綴られた単語と漢字で綴られた単語という表記文字の相違を反映しているだけではなく，ある単語がそれぞれの表記文字で表わされている場合に遭遇する頻度の効果が混入している可能性が考えられる。

　これらの実験の主たる被験者である大学生にとっては，当該の単語が漢字で表わされる場合がかな文字で表わされる場合よりも多いのが普通である。すなわち，これらの刺激についての認知課題の成績差を説明する場合，表記文字の差によっても説明できると同時に，ある単語がどの表記文字で表わされることが多いのかという単語と表記文字との親近性によっても説明が可能である。すなわち，視覚的に提示される単語の表記形態の差を問題にする場合，その単語がかな文字で表記されることが多いのか，それとも漢字で表記されることが多いのかという単語と表記文字との親近性（以下，表記の親近性と呼ぶ）を考慮する必要がある。たとえば，"テニス"というようにかな文字で表記されることは，"スイエイ"とかな文字で表記される場合よりも多い。このような表記の親近性の違いが，視覚的に提示された単語に対する認知課題の成績に差をもたらす可能性は否定できない。したがって，これら2つの場合を同じようにかな文字で表わされた単語とみなし，その一方のタイプのみを用いて漢字で表わされた単語の場合と比較することには問題があろう。

　このように，レキシカル・アクセスに及ぼす表記形態の影響を研究するには，材料として用いられる表記の親近性を考慮する必要があると考えられる。そしてこの問題は，かな単語は音韻的符号化が必要で漢字単語は必要でないと結論する前に検討しなければならない問題である。

　そこで，研究2においては，かな文字との親近性が高い単語，かな文字との親近性が低い単語，漢字との親近性が高い単語という3種類の単語を選出し，それぞれ前2者はかな文字で表わし，後者は漢字で表わした視覚的刺激を用いて，単語認知課題の遂行成績を比較することにした。ここでいうかな文字との親近性の高い単語とは，かな文字で表わされることが多い単語であり，本実験ではその代表として外来語をカタカナ文字で表記した刺激を用いた。たとえば"アメリカ"や"テニス"などがこれに該当する。また，かな文字との親近性の低い単語とは，かな文字で表わされることが稀な単語であり，本実験ではその代表として本来漢字で表記されることの多い日本語単語をカタカナ文字で表

記した刺激を用いた。たとえば，"デンシャ""ヤキュウ"などがこれに該当する。さらにこれらとの比較のためにとりあげた漢字との親近性の高い単語とは，漢字で表わされることが多い単語であり，本実験ではその代表として本来漢字で表記されることの多い日本語単語，すなわちかな文字との親近性の低い単語を漢字で表記した刺激を用いた。たとえば"電車"や"野球"がこれに該当する。また，本研究においては，視覚的に提示される各単語に対する認知課題として，カテゴリー判断課題を用いることにした。一般的には，語彙判断課題が用いられることが多いが，この課題は本来，単語の同定過程のみを問題にした課題であり，単語の意味が判断に関与していないことが前提である。しかし，本実験の目的が漢字で表わされた単語が意味的処理に優れるという「表意文字の神話」の検討であるため，むしろ一定の概念的カテゴリーに属するかどうかを判断させるという意味的判断の関与が明らかである課題の方が適切であるように思われたからである。

　このような材料と課題によって実験を行なうことにするが，本実験に用いられた3つの刺激提示条件に関しては，次のような仮説を設定できるであろう。従来の諸研究が示すように漢字とかな文字という言語学上の文字種の違いが認知課題の遂行成績に影響し，表意文字あるいは表語文字としての漢字の意味処理における優位性が存在するならば，かな文字との親近性の低い単語と高い単語のどちらの場合でも，漢字との親近性の高い単語よりもカテゴリー判断課題における反応時間が長くなるであろう。この場合，「表意文字の神話」は支持されると考えられる。しかし，漢字の意味処理における優位性は存在せず，従来の諸研究の結果が表記形態の要因と表記の親近性の要因との混同の結果であるならば，それぞれの表記の親近性が認知課題の遂行成績に影響し，同じようにかな文字で表記された単語であっても，かな文字との親近性の高い単語の方が低い単語よりも反応時間が短くなり，かな文字との親近性の高い単語と漢字との親近性の高い単語の反応時間には差がなくなるであろう。この場合，「表意文字の神話」は支持されないと考えられる。また，両要因が影響しているならば，漢字との親近性の高い単語における反応時間が最も短く，次にかな文字との親近性の高い単語，かな文字と親近性の低い単語という結果になるであろう。この場合も「表意文字の神話」は支持されると考えられる。

◆ 方法 ◆

**被験者**

大学生34名（男子17名，女子17名）がこの実験に参加した。被験者の年齢範囲は，20歳6ヶ月から23歳4ヶ月であった。

**装置および刺激**

刺激の提示には，スライドプロジェクタ（Kodak Ektagraphic Slide Projector）と電子シャッター（Gerbrand G-1169 shutter）および時間制御装置（竹井機器製）からなるプロジェクタ・タキストスコープ，および半透明のスクリーンを用いた。また，反応時間の測定には，反応キーと1ミリ秒単位で測定できるデジタル・タイマー（竹井機器製）を用いた。刺激材料としては，小川（1972）の「52カテゴリーに属する語の出現頻度表」から衣類・スポーツ・国名・病気の4つのカテゴリーに属する名詞が選ばれた。それぞれのカテゴリーにおいて，カタカナ文字との親近性が低く漢字との親近性が高い単語4語，カタカナ文字との親近性が高い単語4語をそれぞれ選出した。これらの単語をすべてカタカナで表記し，それぞれの単語群を高カタカナ親近性単語群，低カタカナ親近性単語群とした。また，各カテゴリーのカタカナ文字との親近性の低い単語を漢字で表記し，高親近性漢字単語群4語を作成した。なお，本実験で用いられた漢字表記語は，後の評定で示されるように高頻度の漢字表記語（漢字でよく表わされる語）である。また，漢字表記語ではかな表記語に比べ表記の親近性の差が小さいことが予想されたため，漢字表記語においては高・低の2条件を設けなかった。

したがって，用いられた刺激は，4（単語数）×3（語群数）×4（カテゴリー数）の48語である。これらをカテゴリー判断課題での正事例の刺激語（カテゴリーに属するという肯定反応が予想される語）として用い，負事例の刺激語（カテゴリーに属さないという否定反応が予想される語）としては，上記のカテゴリーに属さない語を正事例の場合と同様の方法で選出した。各カテゴリーとも正事例の場合と同様，高親近性かな単語4語・低親近性かな単語4語・高親近性漢字単語4語から成っていた。

カタカナ文字との親近性の高い単語とカタカナ文字との親近性の低い単語と

の判別の妥当性を検証するために，本実験には参加しなかった被験者20名に対し，各刺激語に関して「ほとんどかな文字で表わされる」（5点），「かな文字で表わされることが多い」（4点），「同じくらいに表わされる」（3点），「漢字で表わされることが多い」（2点），「ほとんど漢字で表わされる」（1点）の5段階評定による主観的判断を求めた。その結果，カタカナ文字との親近性の低い単語では全体の平均が1.21，各単語の平均値の範囲は1.0～2.5であり，カタカナ文字との親近性の高い単語では全体の平均が4.95，各単語の平均値の範囲は3.5～5.0であった。よって，カタカナ文字との親近性の低い単語とカタカナ文字との親近性の高い単語とは，表記の親近性に関して区別が可能なことが示された。また，正事例の選択において，小川（1972）の規準表におけるカテゴリー出現頻度（カテゴリー名が提示されたとき，各名詞が連想される頻度）が，カタカナ文字との親近性の低い単語・カタカナ文字との親近性の高い単語の間で等しくなるようにされた。なお，漢字との親近性の高い単語はカタカナとの親近性が低い単語と等しいので両者のカテゴリー出現頻度については等しくなっている。それぞれの語の文字数は2～5字の範囲にあり，2つのかな単語条件間で等しくなるようにマッチングされた。また，漢字単語は，すべて漢字2文字からなる単語である。表2－6に，カテゴリー判断のある1つのブロック（スポーツのカテゴリー）で用いられた単語のリストを例示している。低カナは低カタカナ親近性単語，高カナは高カタカナ親近性単語，漢字は漢字と単語との親近性の高い漢字単語をそれぞれ表わす。カテゴリー判断課題は，衣類・スポーツ・国名・病気の4つのカテゴリーそれぞれについて判断する4つ

◆表2－6　刺激語の例（「スポーツ」のカテゴリーの例）（研究2）

|  |  | 低カナ | 高カナ | 漢字 |
|---|---|---|---|---|
| 正事例 |  | ヤキュウ | ラグビー | 野球 |
|  |  | スイエイ | サッカー | 水泳 |
|  |  | タッキュウ | バスケット | 卓球 |
|  |  | ジュウドウ | ボーリング | 柔道 |
| 負事例 |  | ニュウシ | テーブル | 入試 |
|  |  | オオアメ | ハンカチ | 大雨 |
|  |  | ベンキョウ | キャラメル | 勉強 |
|  |  | デンチュウ | ソーセージ | 電柱 |

のブロックからなり,各ブロックでは12個の正事例と12個の負事例についての判断が求められた。したがって,被験者は4つのブロックを通して96語についての判断を行なうことになる。

**手続き**

被験者は,肯定反応を右手で行ない否定反応を左手で行なう群と,肯定反応を左手で行ない否定反応を右手で行なう群とにランダムに折半された。刺激語は105センチメートル離れたスクリーン上に,1字あたり視角として0.82度×0.82度の大きさになるよう提示された。各刺激語は水平に提示されたので,一単語あたりの視角は0.82度×1.64度（2文字）から0.82度×4.10度（5文字）の範囲内にあった。カテゴリー判断課題の各ブロックにおいては,まず開始時にカテゴリー名が告げられ,それに続いて提示される語について,その告げられたカテゴリーに属するかどうかを判断することが被験者に求められた。そのカテゴリーに属する場合は肯定ボタンを,属さない場合には否定ボタンを,できるだけ速く正確に押すよう求められた。各刺激語が提示されてから被験者の電鍵反応によってタイマーが停止するまでの時間をカテゴリー判断時間としてミリ秒単位で測定した。各ブロック内では,3つの実験条件と正事例／負事例に関して24語がランダムな順序になるよう提示され,4つのブロックの試行順序も被験者ごとにカウンターバランスされた。また,本実験に入る前には練習試行を27試行行ない,手続きに習熟させた。刺激の提示時間は2秒,試行間間隔は5秒であった。

◆ **結果** ◆

被験者全体について調べると,カテゴリー判断の誤りはきわめて少なく,反応数全体の1.69％であった。そこでこの誤反応の場合を除外し,残りの正反応のみの反応時間を結果の整理の対象とした。3つの表記条件別に正反応の平均反応時間を図示すると図2－1のようになる。

表記条件と肯定／否定反応の2つの要因（被験者内要因）についての2要因分散分析を行なった結果,表記条件,肯定／否定反応の各主効果が有意であった（$F(2,165) = 160.18, p<.01; F(1,165) = 37.65, p<.01$）。また,これら2要因間の交互作用も有意であった（$F(2,165) = 7.00, p<.01$）。Tukey法によって各表

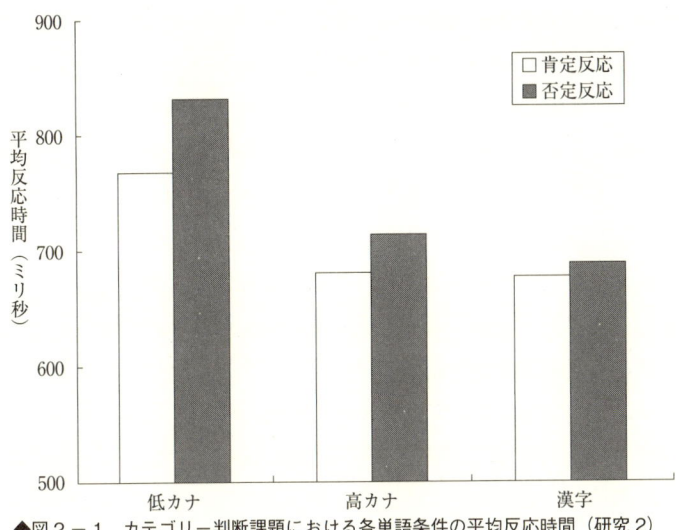

◆図2−1　カテゴリー判断課題における各単語条件の平均反応時間（研究2）

記条件間の多重比較を行なうと，肯定反応においては低カナ条件が高カナ条件よりも反応時間が有意に長く（$q = 12.14, p<.01$），高カナ条件と漢字条件の間には有意な差がみられなかった（$q = .57, ns$）。また，否定反応においては低カナ条件が高カナ条件よりも反応時間が有意に長く（$q = 16.63, p<.01$），高カナ条件が漢字条件よりも有意に長かった（$q = 3.49, p<.05$）。なお，本実験で用いた材料では，正事例でのみカテゴリー出現頻度が統制されていたので，肯定反応についてのみまとめると次のようにいうことができる。すなわち，表記の親近性が単語の意味判断に大きく影響しており，表記の親近性が高い漢字単語と表記の親近性が低いかな単語を比較した場合，後者において明らかに反応時間の遅れが認められた。一方，表記の親近性が高い漢字単語と表記の親近性が高いかな単語を比較した場合，両者の反応時間に有意な差が認められなかった。

◆ 考察 ◆

　本実験の目的は，表記の親近性という要因を導入することにより，従来検討されてきた視覚的単語認知課題における表記文字の種類による遂行成績の差が

純粋な表記の効果であるか否かを検討することであった。すなわち，これまで漢字で表わされた漢字単語とそれをかな文字で表わしたかな単語に対する遂行成績の差を示すことによって，両表記語における視覚的単語認知プロセスの相違が示唆されてきた。しかし，この遂行成績の差が真に漢字とかな文字という表記文字による差によって生じたものか，それとも表記の親近性によるものかを検討することがここでの目的であった。

　このような言語学における文字の分類が，直接的に実際の認知プロセスに反映されるという考え方が必ずしも受け入れられているわけではない。もしそうであれば，表音文字である英語圏のローマ字のアルファベットを用いて表わされた単語の視覚的認知においても音韻的符号化の果たす役割は大きいと考えられるが，実際はそれとは逆の結論が受け入れられている。ローマ字のアルファベットは表音文字であるが，単語のレキシカル・アクセスに必ずしも音韻的符号化は必要はないという結論が，二重ルートモデルの枠組みの中で得られているからである。たとえば，英語圏の研究においては，認知プロセスの相違は主として単語の頻度効果に関する諸実験の結果（Forster & Chambers, 1973; Glanzer & Ehrenreich, 1979; Healy, 1976; Scarborough et al., 1977 など）を説明するために用いられてきた考え方である。McCusker et al.（1981）は，単語の出現頻度によって処理に用いられる表象が異なると結論している。すなわち高頻度語の視覚的単語認知で用いられる表象は音韻的表象ではなく視覚的表象であるというものである。したがって，これは表音文字からなる単語においても頻度によっては認知プロセスが異なることを示唆していると考えられる。

　一方，日本においては従来，日本語のかな単語の読みに関する諸研究が漢字単語との比較で行なわれてきた。そこではすでに述べたように，漢字単語のかな単語に対する意味処理における優位性を明らかにし，漢字単語はレキシカル・アクセスに際して音韻的符号化を必要としないが，かな単語は音韻的符号化を必要とすると結論された。しかし，それらの研究では漢字で表わされることが多い単語を漢字で表わした単語と，それをかな文字で表わした単語が比較されている。つまり，この比較は本研究における漢字との親近性が高い単語の漢字表記語とかな文字との親近性が低い単語のかな表記語の比較に相当する。従来どおりの刺激選択基準での比較に関していえば，本研究の結果は齋藤（1981）

の結果と一致している。すなわち，カテゴリー判断課題において漢字表記語はかな文字との親近性が低い単語のかな表記語よりも反応時間が短かった。しかし，日本語は漢字とかな文字という2つの文字体系をもち，1つの単語を書き表わす場合にそれらいずれもが正書法上可能であるため，そのいずれの表記文字がよく用いられるかということ，つまり表記の親近性の差も単語の認知に大きな影響力をもつと考える必要があった。

そこで本実験では，かな文字との親近性が低い単語のかな表記語，かな文字との親近性が高い単語のかな表記語，漢字との親近性が高い単語の漢字表記語の3つの表記条件を比較した。そして，かな文字との親近性が高い単語のかな表記語を用いると，漢字との親近性が高い単語の漢字表記語と同程度の反応時間をカテゴリー判断課題において示すことが明らかになった。すなわち，表記の親近性の効果が示されたのである。さらに，従来の視覚的単語認知研究におけるかな単語と漢字単語との遂行成績に生じた差違は，表記文字の種類の効果ではなく，表記の親近性の効果の結果であること，すなわち単語がかな文字で表記されているか漢字で表記されているかによって生じたものではなく，かな文字で表わされることが少ない単語のかな表記語であったためであると考えられる。

したがって，従来の視覚的単語認知における表記文字の効果を検討した諸研究の結果やそこから得られた結論は，表記文字の要因と表記の親近性の要因との混同によるものであるということができる。このことから，従来の研究結果を根拠に，二重ルートの枠組みを用いて漢字単語の処理は直接ルートを介して速く行なわれるが，かな単語については音韻的表象を用いる間接ルートを介して行なわれるという主張は必ずしも的を射たものであるとはいえないことになる。むしろ単語と表記の親近性が増大することによって二重ルートモデルにおいて有効に働く処理ルートが異なると考える必要性が指摘できる。

# 第3章 意味的プライミングに及ぼす表記の親近性効果：綴り深度仮説の検討

## 第1節 かな単語の意味的プライミングに及ぼす表記の親近性効果 (研究3)

◆問題◆

　単語認知における表記差の研究は，日本語を用いた研究にとどまらず，これまでも数多くの言語を用いた研究が行なわれてきた。そこでは表記システムの言語学上の分類によって，視覚的単語認知のプロセスが異なるかどうかという問題が検討されてきた。それらの研究において検討されてきた表記システムの違いとは，表音文字と表語文字というような表記文字の違いを扱うものだけではなく，同じ表記文字を用いている場合でも音をどのように綴るかというスペルと音との対応関係の違いを扱った研究も含まれており，後者のタイプの研究が欧米を中心に近年多数行なわれてきた。このようなスペルと音との対応の一貫性の程度によって視覚的単語認知過程が異なるという考え方の代表的なものとして綴り深度仮説（orthograhpic depth hypothesis）と呼ばれるものがある（Frost, 1994; Frost et al., 1987; Katz & Feldman, 1983; Katz & Frost, 1992）。

　綴り深度という考え方では，スペルと音との対応関係の一貫性あるいは複雑さの程度に応じて浅い綴り（shallow orthography）と深い綴り（deep orthography）に表記システムを分類する。たとえば，英語やヘブライ語ではスペルと音との対応が複雑で一貫していないため，cough, though, rough, through のように ough と同じように綴ってもその発音は無音を含めて異なるということが多い。このような場合は深い綴りに分類される。一方，イタリア語やスペイン語あるいはセルビア・クロアチア語ではスペリングと音との対応が単純で一貫しているため，同じように綴ったものはすべて同じように発音する。このような場合は浅い綴りに分類されるのである。

このような言語学上の正書法規則における違いによって生じる視覚的単語認知の差を二重ルートモデルの枠組みの中で説明しようとするのが綴り深度仮説である。この仮説に従えば，ある表記システム内におけるスペルと音との対応の一貫性の程度によって，二重ルートモデルにおけるいずれのルートが用いられるかが決まると考えるのである。具体的にはレキシカル・アクセスに際して，浅い綴りであればあるほど音韻的に媒介される間接ルートが用いられるのに対し，深い綴りであればあるほど音韻的に媒介されない直接ルートが用いられるという考え方である。

　従来，この綴り深度仮説の検討においては，命名課題の遂行に及ぼす意味的プライミング効果が主として用いられてきた。たとえばKatz & Feldman (1983) は，英語圏の被験者が深い綴りにより表記を行なう英語の単語を口頭で読む場合にはプライミング効果が認められたのに対し，セルビア・クロアチア語圏の被験者が浅い綴りにより表記を行なうセルビア・クロアチア語の単語を口頭で読む場合には意味的プライミング効果が認められないことを報告している。さらにFrost et al. (1987) は，ヘブライ語，英語，セルビア・クロアチア語という3つの表記システムを用いて，浅い綴りにより表記を行なうセルビア・クロアチア語では命名課題において意味的プライミング効果はみいだすことができなかったが，深い綴りにより表記を行なう前二者にはみいだすことができたことを報告している。これらの研究における前提は，意味的プライミングは語彙表象を直接活性化させるので，その活性化の影響の有無は後続刺激の処理ルートに語彙表象が介在しているか否かの証拠となるというものであった。したがって，命名課題において意味的プライミング効果が認められるときは，命名が音韻的媒介によらず，語彙表象を介したルートで行なわれたことを反映しているとみなしている。他方，意味的プライミング効果が認められないときは，命名がスペルと音の対応関係のみにもとづき，語彙表象を介さないルートによって行なわれたことを反映していると考えられている。このような考えから上述の研究者たちは自らの実験結果を綴り深度仮説を支持するものとみなしたのである。

　これらの研究の結果とそこから示唆された結論は，従来からいくつかの研究で指摘されてきたスペルと音の対応が一貫した表記システムの単語（すなわち

浅い綴りの単語）は語彙表象に依存しないで発音されるという知見（たとえば，Allport, 1979; Hung & Tzeng, 1981; Morton & Sasanuma, 1984）と一致し，一般的に受け入れられた。

　ところで日本語の表記システムに目を向けると，すでに述べたようにスペルと音の対応がほぼ一対一に対応しているかな表記と，スペルと音の対応が一対一に対応していない漢字表記が混在している。そして，前者は浅い綴り，後者は深い綴りに分類することが可能である。したがって，綴り深度仮説を日本語の表記システムに適用するならば，浅い綴りにより表記を行なうかな文字で綴られた単語は二重ルートモデルにおける間接ルートによって口頭でのリーディングが行なわれるといえる。また，深い綴りにより表記を行なう漢字で綴られた単語は直接ルートによって行なわれるといえる。もしそうであるならば，命名課題における意味的プライミング効果は漢字単語では生じるが，かな単語では生じないと予想されるはずである。

　一方，これまでに第Ⅰ部において主張してきたことは，漢字単語とかな単語という異なる表記文字からなる単語の視覚的認知プロセスが異なるという主張を支持する実験的証拠は不完全であるということであった。そして，むしろそれぞれの単語における表記の親近性の違いにより視覚的単語認知プロセスの相違を説明できることが研究2から示唆されたのである。特に，表記の親近性の低い場合の命名に際しては文字素－音素変換規則（grapheme-to-phoneme conversion rules）を用いざるをえない。反対に，表記の親近性の高い単語は，広瀬（1984）やBesner & Hildebrandt（1987）および川上（1993），臼井（1998）が示唆しているように，必ずしも文字素－音素変換規則によって命名が行なわれるとは限らないといえる。すなわち，これらの研究は表記システムという言語学上の分類と心理学的なプロセスとは独立しているという考え方を支持するものであり，綴り深度仮説とは相容れない考え方であるということができる。

　これまでに行なわれてきた命名課題における意味的プライミング効果の有無という方向からの綴り深度仮説の検討は，単一の正書法をもつ言語圏での検討がほとんどであった。そして，表記システムという変数は被験者間変数にならざるをえなかったため，表記の親近性という変数を取り入れることが不可能であった。つまり，表記の親近性の高い単語のみを用いていたということになる。

しかし，日本語においては，同一の単語をひらがなとカタカナという2つの浅い綴りで書き表わすことが可能であり，かつ多くの場合，当該の単語とそれぞれの表記文字との親近性が異なる。

そこで本実験では，命名課題における意味的プライミングの効果の有無を，浅い綴りであるかな文字で表わされた2種類の単語を用いて確認し，文字と単語との親近性の高い刺激と低い刺激における認知処理の差の有無を検討する。これによって，綴り深度仮説の妥当性も同時に検討することができると考えられる。

ここでの仮説は以下のとおりである。すなわち，命名課題において単語と文字の親近性の高い語（たとえば，"テニス"）と低い語（たとえば，"てにす"）のいずれにおいても意味的プライミング効果が出現しない場合，表記の親近性が単語認知プロセスに影響するとはいえないことになり，Katz & Feldman (1983) の説は支持される。一方，表記の親近性の高い語ではプライミング効果がみいだされ，低い語ではみいだされない場合，浅い綴りであってもレキシカル・アクセスにおいて必ずしも音韻的符号化を必要とするわけではないということができることになり，表記の親近性が単語認知プロセスに影響するという本書における主張が支持されるであろう。

### ◆方法◆

**被験者**

大学生18名（男子8名，女子10名）が本実験に参加した。年齢の範囲は20歳2ヶ月から24歳6ヶ月までで，平均年齢は22歳2ヵ月であった。被験者はいずれも正常な視力あるいは矯正視力を有する者であった。

**装置および刺激**

刺激の提示には3台のスライドプロジェクタ（Kodak社製 Ektagraphic Slide Projector）と電子シャッター（Gerbrand社製 G-1169 shutter）からなる3チャンネル・プロジェクタ・タキストスコープ，および半透明のスクリーンを用いた。被験者の反応の測定には，被験者前方のマイク（SONY製）とボイスキーおよびデジタル・タイマー（いずれもサンワ製）を用いた。

刺激語は，小川（1972）の「52カテゴリーに属する語の出現頻度表」より，衣類，

スポーツ，楽器，国名，お菓子の5カテゴリーから外来語をそれぞれ10語，計50語を選んだ。これらの語の選出に際しては，それぞれのカテゴリーに属する各語が残りの4カテゴリーの反応語に含まれていないよう注意した。用いた語の文字数は2～6文字であった。また，プライム刺激として，関連条件ではターゲット刺激のカテゴリー名を，無関連条件では該当するカテゴリー名以外の4つのカテゴリー名の1つをランダムに，それぞれ用いた。なお，選出された50語のターゲット語はそれぞれひらがなとカタカナの両方で表記されたため，のべ100語のターゲット用刺激が用いられたことになる。さらに，それらの各々は関連条件と無関連条件の両条件で用いられることになるので，被験者はのべ200語について反応することになる。刺激例は表3－1に示してある。

◆表3－1　刺激語の例（プライム語が「スポーツ」の場合）（研究3）

| 関連性 | 表記の親近性 | ターゲット語 |
| --- | --- | --- |
| 関連条件 | 高 | テニス |
|  | 低 | てにす |
| 無関連条件 | 高 | ピアノ |
|  | 低 | ぴあの |

## 手続き

　各試行においては，プライム刺激が1秒提示され，次に白色画面が300ミリ秒，最後にターゲット語が2秒提示された。プライム刺激とターゲット刺激のSOA（stimulus onset asynchrony）については，400ミリ秒から2秒の間ではプライミングによる促進効果に差がないことが示されている（Rosch, 1975）ので適切であったと思われる。提示の順序は2つの文字条件と2つのプライミング条件に関してランダムにされた。ただし，各被験者間で刺激の提示順序は同じであった。被験者は前方のスクリーンを注視し，プライム語に続いて提示されるターゲット語をできるだけ速くかつ正確に読み上げるよう求められた。ターゲット語が提示されてから被験者の命名反応の開始によってボイスキーと連動したタイマーが停止するまでの時間を測定して命名反応時間とした。本番実験の前には，被験者が手続きに習熟するよう，練習を20試行行なった。また，本実験の試行間間隔は3秒であり，50試行ごとに2分のインターバルを挿入した。実験に要した時間は被験者1人あたり約30分であった。

なお，刺激語は120センチメートル離れたスクリーン上に1字あたり視角にして0.57度×0.57度の大きさで提示された。各刺激語は横書きで提示されたので，1単語あたりの視角は文字間のスペースも含めて，0.57度×1.34度（2文字）から0.57度×4.49度（6文字）であった。

◆ 結果 ◆

全被験者の正反応だけを分析の対象とした。また，反応時間が各被験者内で平均より±2.5標準偏差を越えた試行は除外した。表3－2は，各条件における平均反応時間を示している。なお，誤反応率は全試行の1％以下であった。

◆表3－2　各条件における平均反応時間（ミリ秒）（研究3）

| 表記の親近性 | プライム条件 | |
|---|---|---|
| | 関連 | 無関連 |
| 高（カタカナ表記） | 516（85.5） | 532（94.3） |
| 低（ひらがな表記） | 551（92.4） | 558（97.9） |

＊カッコ内は標準偏差

表記の親近性（高／低）×プライミング条件（関連／無関連）の2要因分散分析（いずれも被験者内要因）が各被験者の正反応の平均反応時間について行なわれた。分析の結果より，表記の親近性の主効果は有意となり（$F(1,17) = 57.54, p<.01$），プライミングの主効果も有意であった（$F(1,17) = 22.81, p<.01$）。また，両主効果の交互作用に有意な傾向がみられた（$F(1,17) = 3.99, p<.10$）。Tukey法による多重比較を行なったところ，表記の親近性が高い語ではプライミング効果が認められた（$q = 6.58, p<.01$）が，表記の親近性の低い語ではみいだせなかった（$q = 2.88, ns$）。

◆ 考察 ◆

研究3は綴り深度仮説を主張する研究の手続きに従い，表記の親近性の高低によって単語認知プロセスにおける違いが生じるか否かを検討することが目的であった。そして綴り深度仮説の主張の根拠となっている効果，すなわち浅い綴りを用いた場合は命名課題における意味的プライミング効果が生じないとい

う知見を,浅い綴りの1つに分類されるかな文字で表記された語を用いて再検討しようとした。特に,表記の親近性が高いかな単語と低いかな単語を刺激として用い,これまで本書で指摘してきたように,表記の親近性という要因が,綴り深度仮説の根拠となっている効果にどのように関与しているのかを探ることがねらいであった。

結果からまず第1にいえることは,表記の親近性の効果がカテゴリー判断課題に加えて命名課題においても認められたことである。本書の第2章で述べた研究2やその後に行なわれた他の実験(Besner & Hildebrandt, 1987; 川上, 1993など)でも示されたこの表記の親近性効果はかなり頑健なものであるといえる。

第2に,研究3の最も重要な部分である意味プライミング効果に及ぼす表記の親近性効果については,次のような結果になった。浅い綴りであっても表記の親近性が高い単語の場合にはプライミング効果が認められ,表記の親近性の低い単語では認められなかった。したがって,かな単語という浅い綴りの単語においても場合によっては深い綴りと同様に語彙表象の関与する命名が行なわれる可能性が示唆された。すなわち,表記の親近性の高い単語では二重ルートモデルにおける直接ルートによる処理が行なわれたと考えられる。一方,表記の親近性の低いかな単語については命名課題での意味的プライミング効果が認められず,命名における語彙表象の関与は少ないことが示唆された。すなわち,間接ルートによる処理が行なわれたと考えられる。これらのことから,浅い綴りからなる単語であっても,むしろ表記の親近性という要因によって語彙表象の関与が左右されることになり,英語のような深い綴りの単語でも高頻度語は直接ルートを介して読まれるが,低頻度語は間接ルートを介して読まれるとする考え方とも一致する(たとえば, Monsell et al., 1992)。

これまでにおいても,浅い綴りの単語の命名に際して語彙表象が関与する可能性を指摘した研究がないわけではなかった。本研究と同様に,浅い綴りであっても命名課題において意味的プライミング効果をみいだした研究がこれまで複数存在している(たとえば, Besner & Smith, 1992; Sebastian-Galles, 1991; Seidenberg & Vidanovic, 1985; Tabossi & Laghi, 1992)。そして,これらの研究は大きく2つの立場に分けることができる。1つは,表記システムという言

語学上の分類が心理学的なプロセスに関与しうるという立場からのものである。そこでは音韻レキシコンを想定し，それが意味的プライミングによって活性化されると考える。そして，スペルと音との対応によって作成された前語彙的な音は，プライミングによって活性化された音韻レキシコンを介して命名されるとする (Carello et al., 1988; Besner & Smith, 1992)。この考え方では，少なくとも浅い綴りではその命名の際に二重ルートモデルにおける間接ルートの部分的使用を仮定する。もう1つは，表記システムという言語学上の分類が心理学的なプロセスに影響しないと考える立場である。そこでは綴り深度とアクセス・ルートは独立しており，低頻度語でない限り浅い綴りであっても深い綴りであっても，レキシカル・アクセスには単語全体の綴りから直接的に，すなわち二重ルートモデルでいう直接ルートを用いて行なわれ，その後に命名が行なわれるという考え方である (Besner, 1987; Besner & Hildebrandt, 1987; Frost et al., 1987; Katz & Feldman, 1983; Katz & Frost, 1992; Sebastian-Galles, 1991; Seidenberg, 1985)。

これらいずれの説明も，Katz & Feldman (1983) やFrost et al. (1987) の行なった綴り深度仮説を主張する研究ではみいだされなかった知見，すなわち浅い綴りの命名課題で意味的プライミング効果がみいだされるというその後の研究結果を包括的に説明しようとするものである。ただ，表記システムという言語学上の分類により心理学的なプロセスが影響されるという立場と影響されないという立場の違いがそこには存在する。

従来，綴り深度仮説の検討のために用いられた刺激語は，浅い綴りの単語であっても深い綴りの単語であっても，いずれの場合も低頻度語ではなく，綴りの親近性が高いものであった。特に，単一の表記システムしかもたない外国語を用いた研究ではそうならざるをえなかったといえよう。したがって，綴りの親近性が低く浅い綴りの単語については検討されることがなかった。そのため，浅い綴りの命名課題における意味的プライミング効果が表記の親近性に影響されるかどうかは検討されていなかった。本実験によってはじめて綴りの深度の要因よりも文字と単語の親近性の要因が命名課題における意味的プライミング効果に影響していることが示されたのである。

ただし，これらの結果の考察において，意味的プライミング効果の有無を二

重ルートモデルの各ルートに対応づけるためには前提が必要である。命名課題において意味的プライミングが認められることは二重ルートモデルでの直接ルートの使用を反映するのに対し，それが認められないことは二重ルートモデルでいう間接ルートを用いているという前提である（この前提の問題点については，Buchanan & Besner, 1995 参照）。この前提では間接ルートを使用した場合には意味的プライミング効果が生じないとされている。したがって，もし意味プライミング効果が間接ルートが用いられる場合にも生じることが証明されれば，これまでの実験結果に対する異なった解釈も可能となるのであるが，それについては研究4において検討を加える。

いずれにせよ，浅い綴りの単語の命名課題で意味的プライミング効果をみいだした本実験の結果は，プライミング効果をみいだせなかった Katz & Feldman (1983) や Frost et al. (1987) たちの結果とは相容れないものである。この相違については次のような理由が考えられる。まず，彼らの比較した言語の問題から生じるものである。英語にせよ，セルビア・クロアチア語にせよ，同じ言語内で浅い綴りと深い綴りが存在するわけではないので，用いられた刺激リスト中に異なる処理が予想される2種類の単語が混在していないことがあげられる。一方，日本語では同じ音に対し2とおりの浅い綴りでの表記が可能であるので，表記の親近性の異なる刺激単語を混在させることができたのである。このように異なる2種類の単語が混在することによって，それら両者の間の処理における相対的な差が顕在化した可能性がある。すでに述べたように，その親近性の低い単語は二重ルートモデルにおける間接ルートでしかレキシカル・アクセスが成し遂げられないものである。ある同一の単語が性質の異なる単語群から構成される混合型の刺激リスト中に提示される場合と，性質の均一な単語群から構成される均一型の刺激リスト中に提示される場合とで，その単語の処理プロセスが異なる可能性がある。すなわち，同じ単語であっても，課題に依存した被験者の処理方略によって影響を受けると考えることができる。この他にも，刺激リストにおける非単語の有無（Buchanan & Besner, 1995）や，その非単語の性質（Katz & Frost, 1992）が刺激リストに対する処理に影響を与えるという指摘もある。これらの考え方からすれば，本実験において命名課題の刺激リスト中に非単語が含まれなかったことが両タイプの単語の処理を際

立たせたと考えることも可能である。なお，ここにあげたいずれの解釈も，読みのプロセスが従来考えられてきたように自動的ではなく被験者の方略が関与する可能性を指摘するものである。このような視覚的単語認知における自動性，言い換えると被験者の意図的な方略の関与の可能性については，意味的プライミングの有無の二重ルートモデルによる説明の妥当性とともに研究4で検討を加えることにする。

## 第2節 命名課題における表記の親近性効果と意味的プライミングに刺激提示の操作が及ぼす影響（研究4）

### ◆問題◆

　研究3において，綴り深度よりも表記の親近性が命名における語彙表象の関与と関係することが示された。これは命名課題における意味的プライミング効果の差異から得られたものであり，浅い綴りにおいてもレキシカル・アクセスにおいて二重ルートモデルにおける直接ルートが用いられる可能性が示唆された。しかし，特に浅い綴りにおけるこの種のプライミング効果の有無は実験状況に依存することも考慮に入れる必要がある。

　そこで研究4では，研究3と同様の手続きを採用しながらも，ターゲット語の提示を被験者の命名反応の開始と同時に終了させるという刺激提示上の操作を行なった。研究3ではターゲット語の提示時間が2秒に設定されていたため，刺激となる単語のアクセスが行なわれる以前に，単語の1文字目や前半の数文字のみを音声化するという方略を用いることも可能であった。特に，文字と音とが一対一対応しているかな文字で表記した単語ではその可能性が高い。そこで，本研究では被験者の命名反応開始と同時にターゲット刺激の提示を停止させた。本研究で用いる操作によって，被験者の命名反応がアクセス後に行なわれる可能性を高めることができ，Buchanan & Besner（1995）をはじめとする，表記の親近性の低い浅い綴りの単語を用いて命名課題における意味プライミング効果が認められた研究結果との部分的な相違を説明できるであろう。

## ◆方法◆

### 被験者

大学生18名（男子9名，女子9名）が本実験に参加した。年齢は20歳2ヶ月から23歳6ヶ月までで，平均年齢は21歳2ヶ月であった。被験者はいずれも正常な視力あるいは矯正視力を有する者であった。

### 装置および刺激

刺激の提示にはNEC製コンピュータPC-9801RXによって制御された13インチのディスプレイを用いた。コンピュータにはタイマーボードが備えられており，これによって刺激の提示時間の調整が可能になっている。反応時間の測定にはこのタイマーボードに接続され被験者の前方におかれたマイク（SONY製）を用いた。なお，刺激については研究3と同じものを用いた。

### 手続き

各試行においてターゲット語の提示が被験者の命名反応の開始と同時に停止される点を除いては研究3と同様であった。

## ◆結果◆

全被験者の単語に対する正反応を分析の対象とした。また，反応時間が各被験者内で平均より±2.5標準偏差を越えた試行は除外した。表3-3は，各条件における平均反応時間を示している。なお，誤反応率は全試行の1％以下であった。

◆表3-3　各条件における平均反応時間（ミリ秒）（研究4）

| 表記の親近性 | プライム条件 | |
|---|---|---|
| | 関連 | 無関連 |
| 高（カタカナ表記） | 481 (40.0) | 496 (31.5) |
| 低（ひらがな表記） | 495 (38.2) | 518 (40.5) |

＊カッコ内は標準偏差

表記の親近性（高／低）×プライミング条件（関連／無関連）の2要因分散分析（いずれも被験者内要因）を各被験者の単語に対する正反応の平均反応時間について行なったところ，表記の親近性の主効果は有意となり（$F(1,17) = 53.82, p<.01$），プライミングの主効果も有意であった（$F(1,17) = 34.15, p<.01$）。

一方，両主効果の交互作用は有意ではなかった（$F(1,17) = 2.12$, $ns$）。すなわち，表記の親近性の高低にかかわらず意味プライミング効果が認められた。

◆ 考察 ◆

　まず，研究2および研究3において実証されたように，綴りの親近性の高低によって視覚的単語認知課題の遂行成績が異なるという表記の親近性効果は，本研究においても示された。そして，このような遂行成績の差が処理ルートの相違を反映しているか否かを明らかにするために，命名課題における意味的プライミング効果を表記の親近性の高い単語と低い単語について検討したのが研究3であった。その結果は，刺激語の表記の親近性の高低による視覚的単語認知課題に及ぼす遂行成績の差が，それら両単語の処理ルートの差を反映している可能性を示唆するものであった。本実験ではさらに，研究3で得られたプライミング効果の差が綴りの特性に依存しているのか，それとも被験者の処理方略に依存しているのかを検討するため，ターゲット語の提示方法を操作した。この操作により，プライミング量の条件間の差違に変化が生じれば，被験者の処理方略が変化したことになる。

　本研究の結果より，ターゲット語の提示方法を操作すれば，表記の親近性の高低にかかわらず命名課題において意味的プライミング効果の得られることが明らかとなった。この結果は，表記の親近性の高い単語にのみこの効果が認められた実験3とは異なる結果である。したがって，命名反応の開始に伴ってターゲット語の提示を終了させるという操作によって，表記の親近性の低い単語に対する被験者の処理方略を変えることができたといえる。さらに，提示方法の操作が命名課題における意味的プライミング効果に影響を与えたことから，視覚的単語認知が必ずしも自動的なプロセスによって生じているのではないことが示されたといえる。

　このような結果については，次のように考えることができる。研究3および4で用いられた表記の親近性の低い単語は，ひらがな表記ではほとんど綴られることのない外来語であった。表記の親近性が全くないというべき単語であり，綴りに関する表象をもたないと仮定される単語である。言い換えれば，直接ルートによっては発音が不可能な単語である。すなわち，二重ルートモデルにお

ける直接ルートによるレキシカル・アクセスは不可能であり，間接ルートによるアクセスのみが可能な単語である。そのため，研究3のように比較的長時間安定して刺激が提示される場合，表記の親近性の低い単語では1字1字をすばやく音声化することによってアクセス前に命名反応を開始することができないわけではない。一方，命名反応の開始と同時に刺激提示が終了する本実験でそのような方略を用いることは研究3と比較して困難となり，表記の親近性の低い単語では命名前に少なくとも提示された単語を音声コードに変換している必要があった。この音声コードへの変換過程においては語彙表象の関与がすでに指摘されており（Buchanan & Besner, 1995)，それによって本研究のように命名課題において意味的プライミング効果が認められたことが説明できる。

　したがって，浅い綴りの単語を用いた命名課題における意味的プライミング効果の有無は刺激の提示方法によって変わる場合もあり，課題に依存した被験者の処理方略の違いにその原因を求めることができるであろう。

　ただ，表記の親近性の高い単語では安定して意味的プライミング効果を得られたことから，綴りの親近性の高い単語の処理ルートは安定したものであることを示している。さらに，日常的なリーディング事態では，命名の開始と同時に当該の単語が消失するという本研究のような事態はほとんどないと考えられる。したがって，浅い綴りであっても綴りの親近性の高低によって処理ルートが異なるという研究3の結果が否定されたわけではない。

　まとめると，研究3と研究4の2つの実験の焦点は，表記の親近性が高く単語の綴りに関する表象が存在する可能性のある単語においても，綴り深度仮説が仮定するように浅い綴りの単語であれば間接ルートを用いたレキシカル・アクセスが行なわれるのか，それともこの仮説とは異なり，表記の親近性によってアクセス・ルートが決定されるのかを検討することであった。そして，その相違を表記の親近性の高い単語と低い単語を用いた命名課題における意味的プライミング効果によって検討しようとするものであった。ターゲット語の提示方法の異なる両実験において，表記の親近性の高低によるプライミング効果の出現パターンに相違が生じたことから，上記の可能性のいずれか一方を排他的に支持することはできない。研究3の結果と本研究の結果はいずれも，それぞれの実験固有の状況が生みだした結果であるということもできるからである。

また，これによって従来の浅い綴りを用いた単語の命名課題における意味的プライミング効果の有無に関する結果の不一致を説明することも可能である。

# 第4章 言語連想に及ぼす表記の親近性効果の検討

## 第1節 言語連想反応と表記文字：問題の所在

　第2章では，日本語の特殊性を考える場合に，漢字とかな文字という2種類の表記文字についての言語学上の分類が視覚的単語認知における処理過程の違いを生じさせ，あるいは2種類の表記文字の存在によって日本人の読みの能力に優位性をもたらしているという指摘の根拠は脆弱であることを指摘した。すなわち，日本語における言語学的な特殊性が心理学的なプロセスを決定しているという証拠はまだ得られていないのである。

　一方，漢字，カタカナ，ひらがなという表記文字自体の特性だけでなく，ある単語をそれらのうちの2つ以上の文字種によって綴ることが正書法的に可能であるという点も，欧米を中心とした諸外国の言語においてはみられない日本語の特徴であった。そして，漢字とかな文字といった2種類の表記文字で綴られた単語間での表記文字による相違よりも，ある単語を2つ以上の種類の表記文字によって綴ることが正書法的にも可能であるという特徴によって生じた表記の親近性という変数が，視覚的単語認知のプロセスに重要な影響を及ぼしていることを研究2，研究3，研究4において明らかにした。

　それでは，1つの単語に対して複数の書きことばが存在するという日本語の特徴は，日本人の語彙表象にどのような影響を及ぼしているのであろうか。そして，そこにも表記の親近性の影響が認められるのであろうか。この疑問に答えるためには，日本人の語彙表象と表記文字との関係についての検討が必要であるが，これまでのところこの問題に焦点を当てた研究はみあたらない。そこで本章では，このような日本語表記システム固有の特徴が，語彙記憶からの単語の検索に影響を及ぼしているかどうか，及ぼしているとすればどのような影

響であるのかを明らかにする。

　ところで，近年，モダリティと語彙表象との関係について興味深い研究が行なわれている。日本語の場合，単語を聴覚的に提示した条件と視覚的に提示した条件では，単語の親近性の判断が異なることから，メンタル・レキシコンはモダリティ別に表象されているという考えが Amano et al. (1995) によって示唆された。彼らの研究の主たる目的は，メンタル・レキシコンが感覚様相に依存したものであるか否かを明らかにすることであるが，それは同時に日本語の表記文字と語彙表象との関係を考える上でも興味深いものである。

　Amano et al. (1995) は，日本語を用いて単語の親近性の評定を聴覚提示で行なった場合と，国語辞典に掲載されている表記で綴られた視覚提示で行なった場合を比較したところ，英語圏より低い相関 (.808) しか得られなかったと報告している。従来，英語圏での聴覚提示と視覚提示との間で得られている相関は，.930 というきわめて高いものであった (Garber & Pisoni, 1991; Pisoni & Garber, 1990)。彼らは，この原因の1つとして日本語の表記の多様性，特に漢字の存在をあげ，国語辞典に漢字で掲載されている単語の聴覚提示と視覚提示の親近性判断の間の相関は .767 であるのに対し，ひらがなで掲載されている単語における相関は .924，カタカナで掲載されている単語における相関は .950 であったことをその根拠としている。

　さらにひらがな単語やカタカナ単語では，英語圏と同じく高い相関を示しているにもかかわらず，この漢字単語における相関の低さ，とりわけ親近性評定値の低い漢字単語における提示モダリティ間の相関の低さについて，1) 綴りと音との対応が一対多対応であること，2) 漢字以外の文字で表わされる場合があること，3) 漢字自体から意味がある程度推測できる場合があること，という3つの可能性を彼らは指摘している。

　しかしながら，彼らのあげている可能性の第1については，本実験の分析時に漢字単語の同音異字語 (heterographic homophone) や異音同字語 (heterophonic homograph) を除いていることから棄却されるであろう。また，第3の可能性についても，もしそうであるならば，漢字で視覚的に提示された場合に高親近性と評定された単語が聴覚的に提示された場合に低親近性あるいは中親近性と評定される可能性は，ひらがな単語やカタカナ単語より増大する

はずである。しかし，漢字で視覚的に提示された場合に高親近性（z得点が1より上）と評定された単語3357語の中で，聴覚提示の場合に低親近性（z得点が-1未満）と評定された単語はわずか8語（約0.24％），中親近性（z得点が-1以上1以下）であると評定された単語が742語（約22.1％）であった。一方，ひらがな単語ではそれぞれ0.33％と29.6％，カタカナ単語ではそれぞれ0％と25.9％であった。このように他の表記文字による結果と比較しても特に相違は認められないため，この可能性についてもやはり棄却されるであろう。

したがって，最も説明力のあると思われる可能性は，第2の漢字以外の文字で表わされる場合があるということになる。言い換えると，日本語における表記方法の豊富さによって聴覚提示の場合と視覚提示の場合とで親近性の評定に差が生じたと考えることができる。特に，漢字で綴られる単語の場合，それがひらがなで綴られたり，カタカナで綴られたりすることはさほど例外的なことではない。たとえば，"僕""ぼく""ボク"などはその1例であり，その他にも，"机""つくえ""ツクエ"，あるいは"着物""きもの""キモノ"など多数ある。詳しくは，浮田ら（1996）に示されている。つまり，複数の表記方法が存在することによって，それぞれの表記文字による異なる語彙表象や，綴りと語彙表象のつながりが存在すると考えられる。それがAmamo et al.（1995）の聴覚提示と視覚提示における漢字単語を用いた場合の親近性評定に反映したと考えられる。

このような議論は，第Ⅰ部で繰り返し指摘してきた表記の親近性の問題と密接に関連する。すなわち，聴覚的に提示された単語は表記の親近性の影響を受けないため，音韻的な語彙表象のみを参照することによって親近性の評定が行なわれる。一方，視覚的に提示された単語は表記の親近性の影響を受ける可能性がある。そのため，漢字表記との親近性が低い単語が提示された場合に表記の親近性が親近性評定に影響する可能性があるのである。たとえば，視覚的に提示された"僕"について，被験者はその音に対する親近性のみでなくその表記の親近性も同時に評定している可能性がある。1つの単語の表記方法が1つである英語では，これらが一致する可能性はきわめて高いと考えられるが，日本語の場合は上記のような理由から必ずしもそのようになるとは限らない。以上のように，Amamo et al.（1995）の研究は，提示モダリティと語彙表象の問

題を扱ってはいるものの,同時に日本人の語彙表象における各単語と利用可能な表記文字との関係の重要性を示唆するものである。

しかし,従来の表記文字に対する考え方は,これまで述べてきたように,これとは大きく異なるものであった。特に,かな文字についてはその表音機能ばかりが強調され,その結果,かな文字は音を介して語彙表象と結びつくと考える,文字と語彙表象との間接的な関係を前提とする研究が多くみられた。たとえば,語彙表象を解明する1つの有効な方法として言語連想法が考えられるが,これについても従来は刺激語が視覚的に提示される場合であってもその表音性を期待したものであって,表記文字との関係は検討されてこなかった。

元来,言語連想法は,言語記憶研究に用いる学習材料の統制の目的で導入され,連想価などの指標がしばしば用いられてきた。言語刺激の統制の歴史は,被験者の過去経験の影響を受けない統制された言語刺激として,Ebbinghaus (1885) が無意味音節 (nonsense syllable) を用いたことにはじまる。もちろん無意味音節といえども,そこから有意味な単語が連想される程度には違いが生じる。そこで,言語学習のための刺激材料の均一化を目指したその後の研究は,主として学習材料の連想価あるいは有意味度によって統制されたのである。さらに,行動主義の隆盛とともに,記憶研究における条件ごとの刺激材料の均一化を目指した研究が精力的に行なわれ,言語連想に関する膨大な成果が蓄積された。たとえば,Glaze (1928) は子音・母音・子音 (CVC) からなる文字列を用いて,そこからの連想反応を検討した。すなわち,ある一定時間内に CVC 文字列に反応した被験者の百分率をもとにその文字列に対する連想価を定めたのであり,その他にも Hull (1933), Krueger (1934), Witmer (1935) などがある。日本においても,梅本 (1951a),梅本ら (1955a) や林 (1976) が清音2字音節の無連想価 (100マイナス連想価) を測定している。

しかし,そのような学習材料の均一化のための試みに対して批判がなかったわけではない。無意味音節を用いた言語学習研究に対して,日常生活での言語学習は異なるものであるという指摘が行なわれることになる。たとえば,Bartlett (1932) が行なった物語記憶などの実験はこのような考え方を代表する比較的初期のものであったと考えられる。すなわち,現実の言語行動の実態を表わすような研究が求められるようになったのである。

そこで，有意味な言語材料を用い，それがもつ有意味度や連想価，熟知度，出現頻度といった特性を要因としてとりあげ，学習や記憶にどのように影響するかが検討されるようになる。ここに至っては，Ebbinghaus（1885）の行なった単語がもつさまざまな特性を排除しようという研究の方向とは逆の方法論が採用されたといえる。もちろん学習材料の特性に注目する必要性を指摘したという点においてはEbbinghaus（1885）の視点が否定されたわけではない。

このような流れを受けて，有意味語について，連想価，有意味度，熟知度などといった単語の特性が活発に測定されるようになった（小柳ら，1960; Noble, 1952, 1953; 梅本ら，1955b）。また，単語相互間の関連性についての尺度化も，欧米ではHaagen（1949）によって，日本では梅本ら（1955b），賀集・久保（1954, 1958）などによって行なわれている。さらに，単語と単語との連想関係や意味的関係が言語学習に及ぼす影響も検討されるようになるのである。

いずれにせよ，言語学習における材料の統制という観点から行なわれた言語材料の特性の測定は，それら諸特性が言語行動に及ぼす影響を検討するという観点に変化したのである。さらに，現在ではそこから言語情報処理のモデルの妥当性を検討するためにそれら諸特徴の影響が問題にされている。このように見てみると，常に言語材料の特性という側面が心理学の研究において一定の役割を果たしていることがわかる。

すなわち，言語連想では主として言語刺激の連想価や有意味度を測定し，それを単語相互の連想関係や意味的関係が言語学習に及ぼす影響の検討や言語刺激材料の統制などに利用してきた。たとえば，森川（1965）は無意味音節の有意味度の測定の意義を次のように述べている。

> Ebbinghausは最も大きい辞書にもない単音節無意味綴を取り出すことによって，過去経験や印象の相違によって影響されない等質な言語材料を作り得たと考えた。しかしながら，（中略）果して無意味音節は，いずれも等しく無意味か，ということが問題になる。これはまた逆に，辞書にある語は皆有意味語として扱ってよいかということにもなり，さらに，意味はあるかないかの二者択一的なものとしてよいかという問題にもなる。しかしわれわれが，M（有意味），N（無意味）というときそれは勿論，言語学的基準からではなく，有意味度尺度や連想価というような心理学的尺

度の見地から考えねばならない。ある国語体系中で意味を持つ音節，辞書にのっている言葉でも，対象となる被験者にその「記号」の表わす「意味」ないしは代表性の機能が理解されていない時には，それは M としては取扱われない。たとえば，「示唆」という言葉の意味を知らない小学生にとっては，「シサ」という音節は M として取扱われない。その逆に，ある音節がそれ自体では（辞書的に）無意味であっても，その音節を見たり聞いたりした時に，大多数の人々が何らかの意味のある連想反応をするならば，その音節は有意味と考えられよう。たとえば「タヌ」という音節の言葉は，日本語の通常の辞書には見当らない。しかし大多数の人々（実際には 100 人中 96％）が「タヌ」から「狸」その他の言葉を連想するので，その音節は心理学的には M として取扱われるだろう。また「シフ」という音節では 65％の人が（5秒間に），何らかの有意味連想反応を生じるので「シフ」は，約3分の1の人々にとっては，無意味だが，約3分の2の人々にとっては，有意味と考えられる。このようにして考えていくならば，音節の意味性というのは，その音節が辞書にあるか，ないかという二者択一のものではなく，被験者集団（その国語体系を使用している言語共同体母集団からの無作為抽出見本）にとっては，連続的（0～100％まで変化）なものと考えられる。（森川, 1965, pp.26-27 より抜粋して引用）

　すなわち，辞書的には無意味な音節であっても，その音節が必ずしも無意味というわけではないという主張は，音節によって1つの，あるいは複数の単語との結びつきが無意味音節によっても異なることを根拠にしたものである。

　しかしながら，これらの研究では文字を単なる音の代替物と捉えている。たとえば，連想法における刺激の表記文字の選択に際しては，「日本語の場合は，漢字より仮名を用いる方が字数，発音，字形上の混乱が少なく，形式的な統制が比較的容易である」（賀集, 1966, p.14）という理由が一般的に受け入れられている。そしてその結果，ほとんどの刺激がカタカナでしか提示されておらず，またそのモダリティも視覚提示のみであった。

　これらの研究方法の根底にあるのは，かな文字というものは音を単に表わしているにすぎず，音以外の情報を表わしていない中性的なものだという考え方であると思われる。このような考え方は決して言語連想研究の盛隆期にのみ認

められるわけではなく，今日の言語材料を用いた研究にも受け継がれている。たとえば藤田ら（1991）や杉島ら（1996）が行なっている最近の単語の尺度化の研究（ただし，これらの研究は連想法を用いたものではなく，単語の熟知価を評定法により調査したものである）においても各単語がひらがなでのみで綴られており，また多くの実験心理学的研究においても，カタカナかひらがなのいずれかによって刺激語の表記を統制しようとする研究が認められる。しかし，従来行なわれてきた連想法や評定法では，連想反応語が反応すべき各刺激の表記文字の影響を受けている可能性が指摘される。たとえば，清音2音節からの連想語を被験者に求める場合，カタカナ表記の"マヨ"に対しては"マヨネーズ"という連想語が，ひらがな表記の"まよ"に対しては"まよう"という連想語が産出される可能性がある。また，単語からの親近性評定についても，すでに述べた Amano et al.（1995）が示したように，提示モダリティによる相違が認められ，綴りが単に表音的な役割しか担わないと考えることはできない。

　いずれにせよ，無意味音節を用いた言語連想研究においてこれまで行なわれてきたさまざまな研究では，本研究において問題としている表記文字と単語との関係あるいはそこから推し量られる語彙表象における綴り情報の性質について何らかの知見を得ることは困難である。

　そこで本章では，連想法を用いて語彙記憶からの検索における表記文字情報の役割を検討する。研究5においては，日本語1音節をカタカナとひらがなで提示し，連想語中に含まれる外来語の含有率を従属変数として用い，それらの連想語を比較する。カタカナ文字との親近性の高い外来語の連想語がカタカナ刺激条件においてより多く認められれば，一音節を表わす表記文字の種類ごとに異なる語彙記憶が検索されるという考えが支持され，それによって表記にもとづく語彙表象の存在の可能性を示すことができるであろう。逆に同程度の外来語含有率であれば，表記文字は単に音を媒介しているにすぎず，表記文字ごとに異なる語彙記憶が検索されるという可能性は支持されないであろう。研究6においては，聴覚提示された日本語1音節からの連想語を調査し，その結果を研究5の結果と比較する。もし，表記にもとづく語彙記憶の検索が行なわれるのであれば，ここでの聴覚提示と研究5の視覚提示とでは連想語に相違が認められるであろう。研究7においては，従来行なわれてきた清音2音節からの

連想語調査と同様の方法を用い，清音2音節がカタカナで綴られている条件とひらがなで綴られている条件における連想語の相違を検討する。2音節を用いるのは，1音節ではそれを語頭音にもつ単語に連想語が集中する傾向があったためと，2音節の場合には表記文字による連想語の相違がさらに明確になると考えたためである。また，従来行なわれてきた無意味綴りからの連想語調査の問題点もこれによって明らかになると考えたためである。

## 第2節 視覚提示による清音1文字音節からの連想語に及ぼす表記文字の効果（研究5）

### ◆問題◆

　本実験では，視覚的に提示されたかな1文字からの連想語における外来語含有率を，ひらがな提示条件とカタカナ提示条件間で比較する。

　一般にカタカナは，外来語の表記に頻繁に用いられるため特定の単語との結びつきが強い文字であるが，ひらがなは漢字の存在のためにそのような結びつきが比較的弱い。したがって，表記文字にもとづく語彙表象の検索が行なわれるのであれば，ひらがな提示群とカタカナ提示群とで連想語における外来語の含有率が異なるであろう。

### ◆方法◆

**被験者**

　女子大学生187名が本実験に参加した。被験者の平均年齢は20歳5ヶ月，範囲は19歳7ヶ月から22歳7ヶ月であった。これらの被験者は無作為にひらがな群とカタカナ群の2群に分けられた。各群の被験者数はそれぞれ101名と86名であった。

**刺激用冊子の作成**

　本研究では，ひらがな1文字刺激に対する反応を求めるひらがな刺激用冊子と，カタカナ1文字刺激に対する反応を求めるカタカナ刺激用冊子の2種類の冊子を作成した。

　刺激材料として，日本語の清音文字51字の中から，ひらがなの場合は，や

行の"い""え"，わ行の"ゐ""う""ゑ""を""ん"を除いた44字のひらがな文字を用い，それらをランダムに配列したリストを作成した。カタカナの場合も同様に，ヤ行の"イ""エ"，ワ行の"ヰ""ウ""ヱ""ヲ""ン"を除いた44字のカタカナ文字を用い，それらをランダムに配列したリストを作成した。両リスト間で文字の配列順序は同じにした。また，練習用刺激として，ひらがなの場合は濁音と半濁音の中から"ぞ""ぺ""ば"を，カタカナの場合も，同じく"ゾ""ペ""パ"を用いた。刺激用冊子はひらがな，カタカナ両リストの冊子とも52頁からなり，第1頁には年齢や所属などの記入欄を印刷した表紙，第2頁には教示，第3頁には反応例，第4頁には「練習」と印刷された練習開始の合図，第5から7頁までは練習用刺激，第8頁には「本番」と印刷された本番開始の合図，第9頁から第52頁までは本番用刺激が印刷されていた。なお，練習用刺激頁および本番用刺激頁には，各頁上部に一文字ずつ刺激文字が印刷されており，その下に反応欄が印刷されていた。

**手続き**

本実験は，大学内の普通教室内で行なわれた集団実験であった。実験は以下の手順に従って行なわれた。1）両タイプの刺激用冊子のいずれかを1人1冊配布する（冊子を開かないよう注意する）。2）表紙に所属，性別，年齢の記入を求める。3）冊子の第2ページを開かせ，「今から連想に関する実験を行ないます。このテストはいわゆる心理テストのようにみなさんの性格を調べようとするものではありません。単なることばの調査ですので，誰がどのように答えたかについては分析しません。それでは，テストの説明をします。」と印刷されている説明を読む。4）冊子の第3頁の反応例を見せ，次のように教示する。「このように各頁に印刷されている音節ではじまることばを1つ書いてください。欄は3つありますが，はじめに頭に浮かんだものを1つ書くだけで結構です。いくつか思いついて迷ったり，時間がある場合はそれ以上書いても構いません。時間は1頁につき5秒ですのであまりたくさんの時間はありません。番号を読み上げるための1秒を加算し，6秒ごとに右上にある頁番号を読み上げますので，反応の途中であっても次のページに移ってください」。5）3問の練習を行ない反応方法とペースをあらかじめ覚えさせた後，本番を行なう。

なお，テストの説明では，"あいうえお"といった文字系列での反応や，特

定の個人にしか通じない固有名詞などの反応をしないよう特に強調した。冊子の配布から実験の終了までに要した時間は約13分であった。

◆ **結果と考察** ◆

ひらがな刺激用冊子に対して反応した101名分のデータと、カタカナ刺激用冊子に対して反応した86名分のデータを整理の対象とした。

**連想価**

1つの刺激文字に対する反応者数を反応人数全体で除し100倍した数値を連想価として算出した結果、ひらがな刺激群は平均が99.7%であり、最大100%から最小97.0%の範囲にあった。一方、カタカナ刺激群は平均が99.3%であり、最大100%から最小95.3%の範囲にあった。すなわち、ひらがなとカタカナの両表記とも連想されやすく、容易さに差はないといえる。

**各刺激文字に対する主たる連想語**

本実験の主たる目的は連想反応語の規準表作成ではなく、出現する反応語の群間における相違を問題とするため、集計に際しては次のような基準を用いた。1)ある文字に対する反応語が意味のはっきりしないものであっても、本人にとってはなにがしかの意味をもったものと解釈する。2)複数反応した項目については、第1反応語のみを整理の対象とする。3)同じ音を異なった表記法を用いて表わしている場合(たとえば、"ろうそく"と"ろーそく")は反応数の多い方に含める。4)"さん"などといった接尾語を付した反応語はそれを付さない反応語に含める。5)反応語が漢字、ひらがな、カタカナのいずれで表わされていても同じ反応語とする。

**主たる連想語における外来語率**

各文字に対する主たる連想語の中に含まれる一般的にカタカナで表記される外来語の含有率を外来語率として算出し、ひらがな提示条件とカタカナ提示条件それぞれについて表4-1に示した。なお、複合語が反応語である場合については外来語ではじまるものについてのみこれに含めた。分散の大きさが等質とみなせなかったためウェルチの法によるt検定を行なった結果、カタカナ提示条件群の反応語はひらがな提示条件群に比べて有意に外来語率が高かった($t(129) = 6.13$, $p<.01$, 両側検定)。

◆表4-1　両群の各刺激文字に対する主たる反応語中の外来語含有率（研究5）

|  | 提示条件 | |
|---|---|---|
|  | ひらがな | カタカナ |
| 外来語含有率 | 5.9%　(16.42) | 27.3%　(28.89) |

＊カッコ内は標準偏差

### 全連想語における外来語率

　さらに，各被験者の連想語の中に含まれる，一般的にカタカナで表記される外来語の含有率を外来語率として算出し，ひらがな提示条件とカタカナ提示条件それぞれについて表4-2に示した。

◆表4-2　両群の各被験者における総反応語中の外来語含有率（研究5）

|  | 提示条件 | |
|---|---|---|
|  | ひらがな | カタカナ |
| 外来語含有率 | 8.5%　(4.6) | 33.4%　(11.3) |

＊カッコ内は標準偏差

　分散の大きさが等質とみなせなかったためウェルチの法によるt検定を行なった結果，カタカナ提示条件群の被験者の全連想語における外来語率はひらがな提示条件群の被験者に比べて有意に高い（$t(109) = 19.02, p<.01$, 両側検定）ことが示された。

　これらの結果から，ひらがな提示条件群とカタカナ提示条件群の連想語における外来語率に有意な差がみいだされた。すなわち，ひらがな提示条件群に比べてカタカナ提示条件群の連想語に含まれる外来語が多かった。したがって，両表記文字のいずれを用いるかによってそこからの連想語は異なることが示されたことになり，これまで音による連想と考えられてきた連想語にも表記文字からの連想が含まれている可能性を指摘できる。したがって，語彙表象からの検索において表記文字の果たす役割が単なる音声情報の媒介ではないこと，さらに表記文字にもとづく語彙表象の存在が示唆されたことになる。

　しかしまた，ひらがな提示条件群とカタカナ提示条件群の主たる反応語（それぞれ，142語と153語）に共通するものも散見される。これについては，連想語自体にカタカナ表記される場合もひらがな表記される場合もある単語（たとえば，"すいか"と"スイカ"）が含まれているため，反応語が共通するもの

は音による連想によって産出されたものであると容易に判断することはできないが，かな文字の音を表わすという性質もまた連想反応に一定の役割を演じているという可能性も考えられる。

そこで次に，聴覚的に提示された日本語清音44音に対する連想反応を被験者に求め，ひらがな，カタカナそれぞれで視覚的に提示された結果と比較する。もし表記文字による連想が存在するのであれば，外来語というカタカナ文字と高い親近性をもつ単語が連想語に含まれる率を聴覚提示の場合と比較すると，カタカナ提示の場合ではひらがな提示の場合より相違が大きくなるであろうと考えられる。

## 第3節 聴覚提示による清音1音節からの連想語（研究6）

### ◆問題◆

本実験では，聴覚提示された日本語清音44音節のそれぞれからの連想語を明らかにし，前実験において得られたひらがな1音節からの連想語，およびカタカナ1音節からの連想語の結果と比較する。

一般に，カタカナは外来語の表記に頻繁に用いられるため，特定の単語との結びつきが強い文字であるが，ひらがなは漢字の存在のためにそのような結びつきが比較的弱いと考えられる。したがって，表記文字を伴った語彙表象はカタカナの場合に強く認められる可能性がある。もしそうであれば，聴覚提示された音節からの連想語は，カタカナ提示条件群との相違が大きくなり，反対にひらがな提示条件群とは共通の連想語の産出される可能性が高まるであろう。

### ◆方法◆

**被験者**

女子大学生90名が本実験に参加した。被験者の年齢範囲は18歳7ヶ月から21歳5ヶ月，平均年齢は19歳9ヶ月であった。被験者はすべて研究5の実験を受けていない者である。

**刺激材料**

本研究では，刺激材料は研究5と同様の日本語清音51音より44音を選出し

ランダムに配列したリストを作成した。このリストにおける44音の順序は研究5で用いた文字順序と同じであった。練習用刺激として，濁音と半濁音の中から"ぞ""ぺ""ば"を用いた。各清音1音節に対する反応を記入するための反応用冊子も研究5と同様のものであった。ただし，研究5において用いられた反応用の各頁の中央上部に印刷してあった刺激用の文字は消去してある。

## 手続き

本実験は，大学内の普通教室内で行なわれた集団実験であった。実験は研究5の手順4を次のように変更して行なわれた。すなわち，冊子の第3頁の反応例を見せ，次のように教示する。「"あいうえお"の"あ"というように，実験者から口頭で告げられる音節ではじまることばを1つ書いてください。欄は3つありますが，はじめに頭に浮かんだものを1つ書くだけで結構です。いくつか思いついて迷ったり，時間がある場合はそれ以上書いても構いません。時間は1頁につき5秒ですのであまりたくさんの時間はありません。各音節を告げるための2秒を加算し，7秒ごとに各音節を告げますので，反応の途中であっても次のページに移って次の反応を行なってください」。なお，冊子の配布から実験の終了までに要した時間は約13分であった。

◆ **結果と考察** ◆

被験者90名分の全データを整理の対象とし，研究5と同様の集計を行なった。本研究の主たる目的は，研究5で行なわれた視覚提示の結果と本研究で行なわれる音声提示の結果とを比較することである。したがって，以下においても研究5の結果との比較を中心に述べることにする。

## 連想価

1つの刺激音節に対する反応者数を反応人数全体で除し100倍した数値を連想価として算出した結果，平均が99.8%であり，最大100%から最小96.7%の範囲にあった。したがって，音声提示された1音節からの連想も視覚提示された場合と同様に容易であったといえる。

## 主たる連想語における外来語率

各音節に対する主たる連想語中の外来語率は6.8%（SD = 16.44）であった。また，各被験者の全連想語中の外来語率は12.1%（SD = 17.28）であった。

### 研究5の結果との比較

　研究5におけるひらがな刺激に対する主たる連想語中の外来語率と，本実験における各音節に対する主たる連想語中の外来語率を比較するため，t検定を行なった結果，有意な差はみられなかった（$t(189) = 0.03$, ns, 両側検定）。また，全連想語中の外来語率においても有意な差をみいだすことはできなかった（$t(100) = 1.90$, ns, 両側検定）。一方，研究5におけるカタカナ刺激に対する主たる連想語中の外来語率と，本実験における各音節に対する主たる連想語中の外来語率をウェルチの法によるt検定で比較したところ，カタカナ提示条件では音声提示条件に比べて有意に高い（$t(133) = 5.72$, $p<.01$, 両側検定）ことが示された。また，全連想語中の外来語率についても有意な差が認められた（$t(154) = 9.66$, $p<.01$, 両側検定）。

　これらの結果をまとめると，音声提示された一音節に対する連想語は，外来語の含有率という点においては研究5におけるひらがな提示群と同様の結果になったことになる。これらの結果は，表記文字が語彙表象からの検索に重要な役割を果たしていることをさらに支持する証拠となる。その根拠は，研究5および研究6の結果を次のように解釈できるからである。

　カタカナ文字は外来語との親近性が高いが，ひらがな文字は日本語との親近性がそれほど高いわけではない。なぜなら，日本語単語は辞典項目の大部分において，漢字で表記されることが一般的だからである。そのため，日本の成人の場合，ひらがな文字で表記される日本語単語を目にすることは，カタカナ文字で表記される外来語を目にするよりも多いとはいえない。したがって，ひらがな文字で音節が提示された場合，カタカナ文字で提示された場合よりも表記文字からそれと連合する単語を産出することは困難である。そこで，ひらがな提示条件では音という側面を中心として連想語を産出したと考えられる。したがって，連想語中の外来語率が聴覚提示した研究6と同様になったと考えられる。一方，研究5におけるカタカナ提示条件における連想語中の外来語率は，研究6における連想語中の外来語率より高くなったことから，研究5で考察されたように，表記文字との連合によって連想語が産出されたことをさらに支持するものである。

　研究5と研究6の結果から，視覚的に提示されたかな1音節からの連想反応

は聴覚提示とは異なる結果であったことから，語彙表象からの検索において表記文字の果たす役割が音声情報の媒介ではないことが示され，また表記文字にもとづく語彙表象の存在が示唆された。

## 第4節 視覚提示による清音2文字音節からの連想語に及ぼす表記文字の効果（研究7）

◆問題◆

すでに述べたように，これまで無意味綴りの連想価の研究において用いられてきた刺激は主として2音節綴りがほとんどであり，その2音節綴りをカタカナ文字で表記することが多い。しかし，研究5および研究6において示唆されたように，1音節からの連想語は表記文字の影響を受け，カタカナ表記された場合はひらがな表記された場合よりも聴覚提示と視覚提示の差が大きいことが明らかとなった。したがって，このことが2音節綴りに対する連想反応にもあてはまるのであれば，これまでの研究における2音節に対する連想語は，ある特殊な条件下での連想語を測定していたことになる。しかし，研究5および研究6の結果が1音節からの連想に特有の現象である可能性も否定できない。たとえば，2音節からの連想は1音節からの連想よりも制限が多いため，表記文字からの影響を受けにくいこともありうる。

そこで研究7では，研究5の結果を清音2音節からの連想反応にも適用できるか否かを検討する。すなわち，かな2文字からなる文字列に対しても表記文字が連想反応に影響し，語彙表象からの検索に表記文字が一定の役割を果たしているのか否かを明らかにする。

研究7でも日本語清音2音節に対する連想語をひらがな提示条件とカタカナ提示条件で比較するにあたり，従属変数として研究5および研究6と同様に連想語中の外来語率を用いることにする。また，刺激として用いる2音節綴りは，林（1976）が作成した「ノンセンスシラブル新規準表」に記載されている日本語の清音2音節の組み合わせ1892組の刺激語のうち，第1反応語が普段カタカナで綴られる外来語であったもの530音節を抽出した。林（1976）の研究では他の多くの研究と同様に用いられたすべての2音節がカタカナ文字で表記さ

れており，研究5の結果からの示唆に従うと，特にカタカナとの親近性の高い外来語が表記文字との関係で連想された可能性が高いと思われたからである。

もし，表記文字が2音節からなる綴りに対する連想語にも影響するのであれば，林（1976）の研究で外来語の反応が得られた刺激語をひらがな文字で表記して提示した場合とカタカナで表記して提示した場合とでは異なった連想語が産出され，連想語中の外来語率が異なるであろう。逆に1音節で得られた結果が一般化できないのであれば連想語に相違は認められず，連想語中の外来語率差はみられないと考えられる。

## ◆方法◆

### 被験者

女子大学生188名が本実験に参加した。被験者の年齢範囲は18歳10ヶ月から26歳3ヶ月，平均年齢は21歳11ヶ月であった。これらの被験者は無作為に，後述の「刺激用冊子ひらがなA」「刺激用冊子ひらがなB」「刺激用冊子カタカナA」「刺激用冊子カタカナB」のそれぞれが用いられる4群に振り分けられた。各群の被験者数はそれぞれ44名，48名，49名，47名であった。

### 刺激冊子の作成

林（1976）の作成した「ノンセンスシラブル新規準表」に記載されている日本語の清音2音節の組み合わせ1892組の刺激語のうち，反応語が普段カタカナで綴られる外来語を第1反応語とする刺激語530語を抽出した。これらを五十音順に配列し，順に1から530までの数を割り振り，奇数リスト（リストA）265語と偶数リスト（リストB）265語に二分した。これらA，Bそれぞれのリスト内の刺激語をランダムに再配列し，それらをひらがなで綴ったものとカタカナで綴ったものを作成した。これにより，それぞれ265語からなるひらがなリストA，ひらがなリストB，カタカナリストA，カタカナリストBの4リストが作成された。なお，ひらがなリストAとカタカナリストA，ひらがなリストBとカタカナリストBの相違は用いられたかな文字の違いだけで，清音2音節の配列に関しては同一であった。さらに，提示順序によるバイアスを低減するために，各リストとも配列を逆順にしたものを作成したので，合計8リストが本実験で用いられたことになる。なお，各リストの最初には3

つの2音節を，最後には2つの2音節をフィラー刺激として付け加えたので，各リストは合計270の2音節からなっていた。これらのリストを用いて，「刺激用冊子ひらがなA」「刺激用冊子ひらがなA逆順」「刺激用冊子ひらがなB」「刺激用冊子ひらがなB逆順」「刺激用冊子カタカナA」「刺激用冊子カタカナA逆順」「刺激用冊子カタカナB」「刺激用冊子カタカナB逆順」を作成した。

それぞれの冊子はB4用紙を縦に用いた8頁からなるものである。冊子には表紙が付けられ，その表紙には「連想語調査」という標題が記されており，また林（1976）と同様の以下の教示が印刷されていた。「どんな連想語でもかまいませんから率直に書き入れてください。連想語はいくつ書いてもかまいませんが，いつも左はしの音節とつながるものを考えて書き，自分の書いたことばから連想するような，連鎖反応をしないでください。時間は1音節につき5秒で，番号を読み上げるために1秒プラスし，全体で6秒ごとにベルをならします。その時間内に何も思いつかないときは×をつけてください。あなただけしか関わりのない固有名詞はさけてください。」

2頁目には，清音以外の組み合わせを用いた例を示し，さらに次の頁に20の2音節綴りからなる練習欄を加えた。続く反応用のページには，1頁あたり54の2音節が縦2段組で上から下へと横書きで印刷されている。各音節の前には一連番号がアラビア数字で記されている。連想語は各音節の右にある指定された欄に記入するようになっている。各音節の文字は，明朝体の24ポイントを用いた。

### 手続き

本実験は，大学内の普通教室内で行なわれた集団実験であった。実験は以下の手順に従って行なわれた。1）8タイプの刺激用冊子のうちいずれかをランダムに1人1冊配布する（冊子を開かないよう注意する）。2）表紙に所属，性別，年齢の記入を求める。氏名の記入は求めない。3）「今からことばの連想に関する調査を行ないます。このテストはいわゆる心理テストのようにみなさんの性格を調べようとするものではありません。単なることばの調査ですので，みなさんそれぞれの個人がどのように答えたかについては分析しません。それでは，テストの説明をします」と告げ，冊子の第1頁に印刷されている教示を読む。4）冊子の第2頁の反応例を見せ，次のように付け加える。「このように各頁

に印刷されている2字からなる音節につながることばを書いてください。はじめに頭に浮かんだものから順に書いてください。欄は2つありますが，1つだけでも結構です。いくつか思いついて迷ったり，時間がある場合はそれ以上書いても構いません。時間は1頁につき5秒ですのであまりたくさんの時間はありません。6秒ごとに各音節の番号を読み上げますので，反応の途中であっても次の項目に移ってください」。5）20問の練習を行ない反応方法とペースをあらかじめ覚えさせた後，本番を行なう。

なお，テストの説明では，"あいうえお"といった文字系列での反応や，特定の個人にしか通じない固有名詞などの反応をしないようくりかえし強調した。冊子の配布から実験の終了までに要した時間は約35分であった。

### ◆結果と考察◆

　結果の集計に際しては，まずすべての欄に×を記入したあるいは無反応の被験者，および意味の定かでない反応を行なっている被験者計5名を除外したため，集計に用いた被験者数は183名となった。すなわち，「刺激用冊子ひらがなA」「刺激用冊子ひらがなB」「刺激用冊子カタカナA」「刺激用冊子カタカナB」に反応し集計された被験者数はそれぞれ，44名，48名，49名，47名であった。

　まず各刺激用冊子に対する各被験者の反応語について，「刺激用冊子ひらがなA」「刺激用冊子ひらがなB」「刺激用冊子カタカナA」「刺激用冊子カタカナB」ごとにそれぞれ，各刺激項目に対する反応語および刺激項目ごとの反応語数，反応語中の外来語数をカウントし，反応率（項目）および外来語率（項目）を算出した。また，同時に被験者ごとの反応語数，反応語中の外来語数もカウントし，反応率（被験者）と外来語率（被験者）も算出した。

　刺激項目ごとの集計は次のようにして行なった。反応語については，第1反応語のみを集計の対象とし，反応語の頻度をカウントした。反応数については，各刺激に対して1つ以上の反応を行なった被験者があった場合を1，それ以外の場合を0として刺激ごとにカウントし，刺激ごとに反応した被験者の総数をこれに当てた。反応率（項目）は，反応数を被験者数で除してから100を乗じたものをこれに当てた。外来語数については，各刺激に対する第1反応語が外

来語の被験者数をこれに当て，外来語数を反応数で除してから100を乗じたものを外来語率（項目）とした。各刺激用冊子について以上のような集計を行なった後，「刺激用冊子ひらがなA」と「刺激用冊子ひらがなB」についての集計結果をまとめて，各刺激項目とそれに対する最多反応語，および反応率（項目），外来語率（項目）を五十音順に配列し，ひらがな刺激に対する反応を求めたひらがな提示条件における連想反応結果とした。同様に，「刺激用冊子カタカナA」と「刺激用冊子カタカナB」についてもカタカナ提示条件における連想反応結果とした。

一方，被験者ごとの集計についても，各刺激に対して1つ以上の反応があった場合を1，それ以外の場合を0として被験者ごとにカウントし，刺激用冊子ごとに被験者が反応した刺激項目数を求め，各被験者の反応数（被験者）とした。反応率（被験者）については，反応数（被験者）を各刺激用冊子の刺激項目数である265で除してから，100を乗じたものをこれに当てた。外来語数（被験者）については，被験者ごとに外来語を第1反応語とした刺激項目数を求め，これを当てた。外来語率（被験者）は，外来語数を反応数で除してから100を乗じたものである。最後に，「刺激用冊子ひらがなA」と「刺激用冊子ひらがなB」の集計結果をまとめてひらがな提示条件における連想反応結果とし，同様に「刺激用冊子カタカナA」と「刺激用冊子カタカナB」についてもカタカナ提示条件における連想反応結果とした。したがって，各提示条件の被験者数は，92名と91名となる。

◆表4－3　各提示条件における平均反応率と標準偏差（研究7）

| | ひらがな提示条件<br>(N = 92) | カタカナ提示条件<br>(N = 91) |
|---|---|---|
| 平均 | 69.9% | 74.5% |
| 標準偏差 | 11.28 | 11.70 |

◆表4－4　各提示条件における平均外来語率と標準偏差（研究7）

| | ひらがな提示条件<br>(N = 92) | カタカナ提示条件<br>(N = 91) |
|---|---|---|
| 平均 | 30.5% | 71.7% |
| 標準偏差 | 9.67 | 9.15 |

被験者ごとの反応にもとづいて集計した各提示条件における平均反応率を表4－3に，平均外来語率を表4－4に示した。

**各提示条件における反応率**

表4－3に示した各提示条件間における被験者の反応率の平均値の差についてt検定を行なった結果，ひらがな提示条件とカタカナ提示条件における反応率の平均値には有意な差が認められた（$t(181) = 2.82$, $p<.01$, 両側検定）。したがって，ひらがな提示条件よりカタカナ提示条件において反応率（被験者）が有意に高かったことになる。また，刺激項目による同様の分析も同時に行なったところ，やはり，ひらがな提示条件よりカタカナ提示条件において反応率（項目）が有意に高かった（$t(529) = 6.41$, $p<.01$, 両側検定）。したがって，本実験に用いられた刺激に対しては，カタカナ提示条件における反応がより容易に行なわれたことになる。

この結果については，2音節綴りがカタカナ文字で表記されていた従来の研究において，第1反応語が外来語であったものを本研究の刺激として用いたためであると考えることができる。すなわち，表記される文字が連想反応に影響したことになり，これまで調べられてきた2音節綴りからの連想語に，音からの連想のみではなく，表記文字からの連想も混在している可能性が示唆される。したがって，表音文字と一般に分類されるかな文字からなる2音節綴りであっても，単なる音としてだけ捉えているわけではないことが示唆される。このことは，次に行なう提示条件間の外来語率の相違についての検討によってさらに明確になる。

**各提示条件における外来語率**

表4－4に示した各提示条件間における被験者の外来語率の平均値の差についてt検定を行なった結果，ひらがな提示条件とカタカナ提示条件における外来語率（被験者）の平均値には有意な差が認められた（$t(181) = 30.75$, $p<.01$, 両側検定）。また，刺激項目による同様の分析も同時に行なったところ，やはり，ひらがな提示条件よりカタカナ提示条件において外来語率（項目）が有意に高かった（$t(529) = 43.01$, $p<.01$, 両側検定）。

各提示条件における反応率についての分析と同様，この結果も刺激として用いた2音節綴りがカタカナ文字で表記されていた従来の研究において外来語

が第1反応語であった刺激であったため生じたものであると考えることができる。したがって，2音節綴りからの連想語はそれが表記される文字による影響を多分に受けることが示され，やはりこの分析からもかな文字からなる2音節綴りであっても，単なる音としてだけ捉えているわけではないことが示唆される。

また同時に，視覚的に提示された2音節綴りに対する連想反応に関するこれまでの研究結果は，ある特定の表記文字を用いた場合にのみ得られた結果であることになり，他の表記文字で提示された2音節綴りや，聴覚提示された2音節に適用できないことが指摘できる。

## 第5節 言語連想研究からの総括的提言

　本章における一連の実験は，次のような目的のために行なわれた。すなわち，従来行なわれてきた無意味綴りからの連想語研究の問題点を指摘することによって，表記にもとづいた語彙表象の存在を明らかにすることである。

　すでに述べたように，これまでの視覚的に提示された無意味綴りからの連想語に関する研究は，主にカタカナで表記した音節が提示され，それに対する連想反応を調査するというものであった。そして，その背景にはかな文字というものが音を単に表わしているにすぎず，音以外の情報は表わさない中性的なものであるという前提が潜在していた。

　梅本（1951b）は，カタカナで表記された日本語2音節からの連想語を調査した結果から，刺激語と連想語との関係を以下のように7つに分類している。それは，（1）無意味音節の前後に他の文字を加えたもの（たとえば，ソプ→ソプラノ），（2）逆から読んだもの（たとえば，ラユ→ユラ〈由良〉），（3）無意味音節の文字をのばしたもの（たとえば，ホビ→ホウビ〈褒美〉），（4）促音，拗音，撥音を入れたもの（たとえば，ゼブ→ゼンブ〈全部〉），（5）母音あるいは子音の組織を変えたもの（たとえば，バキ→バケツ），（6）一字をとったもの（たとえば，チヒ→チ〈血〉），（7）以上をいろいろ組み合わせたもの，であった。そしてこれらは，語呂による連想であると結論されており，語音表象的な類同によって反応されたものであることを示唆している。しかし，

単一の表記文字を用いた連想研究の結果からは，それらの連想語が音にもとづいたものなのか文字にもとづいたものなのかを明確に区別することは困難なはずである。そして，その区別は本章の実験のように表記文字の違いが連想語に及ぼす影響を検討することによって明らかにされるものである。しかし，そのような研究はこれまで見あたらなかった。

　本章における一連の実験から得られた結果は次のようなものであった。研究5より，かな1文字からの連想語における外来語含有率はひらがな提示群よりカタカナ提示群で有意に高かった。また研究6より，清音1音節の聴覚提示の結果に見られた連想語は，ひらがな提示群と共通性が高かった。さらに研究7より，清音2音節からの連想語においても，外来語率がひらがな提示群よりカタカナ提示群で有意に高かった。すなわち，かな1文字や2文字からの連想語は，調査時に提示される表記文字の影響を受けること，そして表記文字の影響はカタカナにおいてより強く認められることが明らかとなったのである。

　したがって，これまでの研究において得られている音節からの連想語の調査結果において，音による連想と考えられてきた反応語の一部は用いられた表記文字あるいは文字群，綴りからの連想であった可能性が示唆されるのである。すなわち，ひらがなで提示された音節にはひらがなという文字の，カタカナで提示された音節にはカタカナという文字あるいは文字群による視覚的な影響を連想反応は受け，その結果が連想語に反映されていると考えられる。そのため，視覚的に提示された音節に対する連想語には，提示時の表記文字特有の連想語が含まれており，同じかな文字で表記された刺激語であるからといって，ひらがなとカタカナで必ずしも同じ連想語が得られるわけではないと考えるべきである。

　このことから，かな文字あるいは文字列は単に音を表わすこと以上の役割を担っているといえる。ところが，これまでは言語連想研究に限らず実験統制上の手法として，特に単語を用いた心理学的研究においては，視覚提示される言語材料の中でもかな文字が用いられてきた。さらに，カタカナやひらがなのいずれか一方を用いることが一般的であった。その背景にはかな文字の表音性や意味的中立性という暗黙の前提があったと考えられる。しかし，その前提は妥当なものでないことが示されたことになる。

また，従来の連想語研究の問題点に加えて，第Ⅰ部の中心的問題である表記の親近性という視点からみれば，カタカナ文字で表記された音節に対する連想語に外来語が多く含まれていたという結果は，次のように捉えることができる。すなわち，外来語については一般的にカタカナ文字で表記される場合がほとんどであることから，外来語における表記の親近性はカタカナ文字で綴られた場合の方が高いと考えられた。したがって，ある表記文字で綴られたある音節が視覚的に提示された場合には，その表記文字との親近性の高い単語が連想される可能性が高くなるということになる。このことは，ひらがな，カタカナそれぞれの表記文字に対応する個別の連想経路が存在するといったように，何らかの形で語彙表象内に表記に関する情報あるいは表記の親近性に関する情報が表象されている可能性が示唆されたことになる。

　さらにこれはレキシカル・アクセスに及ぼす表記文字あるいは文字群に関する情報の重要性を同時に示唆するものである。したがって，研究2，研究3および研究4の結果もレキシカル・アクセスに際してこれらの情報が利用されたために生じた結果であると考えることができるのである。表記の親近性効果の説明として，近年，川上（1993）はかな単語を用いて単語全体の輪郭が1つの処理単位となっているために生じることを示唆する研究を報告している。たしかに，英語圏などで用いられるローマ字によるアルファベットを用いる表記システムの場合，"b"や"l"といった上に出る文字，"a"や"c"といった上にも下にも出ない文字，"g"や"y"といった下に出る文字があり，たとえば，"book"と"back"は"book"と"bake"より輪郭が類似している。実際，文字の大きさを変化させてこのような輪郭を変化させたり，大文字・小文字で単語を混合表記することにより，視覚的単語認知課題における遂行成績が低下することを示して，単語の輪郭あるいは全体的な形態の重要性を示唆するものは欧米の研究に認められる（Bock et al., 1993 など）。その一方で，ケース・オルタネーション（case alternation）と呼ばれる大文字と小文字を交互に用いて単語を表記するという操作を施したところ，全体的に遂行成績は低下するものの，頻度効果は加算的にしか作用しないという研究結果（たとえば，Besner & McCann, 1987）もある。この結果を言い換えると，全体的な形態を崩しても崩す前と同程度に高頻度語は低頻度語より視覚的単語認知課題における遂行成績が優れる

ということになる。したがって，単語全体の形態あるいは輪郭よりも，単語を構成する個々の文字あるいは文字群が，視覚的単語認知において重要な役割を担っている可能性が否定されるものではない。さらに，日本語のかな文字の場合，それが組み合わされることによってアルファベットのように特徴的な輪郭が形作られると考えることは困難なように思える。むろん，本研究の結果からその可能性を否定することはできない。しかしながら，単なる1文字あるいは2文字であっても，その表記文字と親近性の高い単語が連想されやすいという本章における諸実験の結果，すなわち語彙表象から検索されやすいという結果は，表記の親近性効果が必ずしも単語全体の形態のみによるものではないことを間接的ではあるが示唆するものであり，文字あるいは文字群単位の影響が表記の親近性効果の原因の1つになっている可能性を示唆するものであると考えられよう。

第Ⅱ部 単語の視覚的認知における頻度効果に関する検討

# 第5章 頻度効果の再検討と本研究の位置づけ

## 第1節 単語の頻度効果

　単語は音声的，意味的，形態的なまとまりをもつが，文字は意味的なまとまりをもたず，対象や概念を指し示さない。もちろんかなや漢字1文字でも意味を表わす場合もあるが，ある特定の音声や意味を読み取ることは困難であることが多い。もしそれが困難でなければ，それらは1文字からなる単語に分類される。世の中に文章は数限りなく存在し，私たちが過去に読んだ文章と幾度も遭遇することは，特殊な状況を除いてはほとんどありえないが，文，節，句，単語，文字と分解していくにつれてその頻度は大きくなっていく。特に単語については，過去に読んだ経験のあるものあるいはそれらを組み合わせたもの（すなわち，複合語）を再び目にしている場合がほとんどである。したがって，単語は意味や音声的なまとまりという意味において言語の基本的な単位であるといえる。

　日本語の書きことばは，ひらがな，カタカナ，漢字で計6353字（JIS第1・第2水準）にアルファベットや各種数字その他の文字などを加えて，6500字程度からなる。ただし，漢字を日常的に用いるもの（たとえば，常用漢字では1945字）に限定すると，私たちが用いる文字数は2000字をわずかに越える程度になる。一方，単語は，広辞苑だけで約23万語（新村，1998）が収録されている。これに固有名詞や複合語などが加わると，私たちが扱うべき単語の数はきわめて膨大になる。ある程度の制約をもちながらもそれらの組み合わせからなる無限に近い単語を私たちは語彙記憶から検索しているわけである。もちろん，これらの語彙すべてを私たちが語彙記憶内に保持しているとは限らないことはいうまでもない。

そして，このような膨大な数の単語が同程度の頻度で出現するのではなく，単語によって出現頻度に差がある。実際，毎日のように遭遇にする単語がある一方で，1年に1度あるいは数年に1度程度しか遭遇しない単語も存在する。このような頻度の差によって認知の容易さに大きな違いがあることは私たちが日常的に経験していることである。そのため，頻度効果が単語認知研究においてしばしば研究対象としてとりあげられたのである。そして，リーディングのプロセスを解明するという目的から，聴覚的ではなく視覚的に呈示された単語の認知が研究対象にされることが多かった。それが視覚的単語認知における頻度効果の研究である。

視覚的単語認知における頻度効果とは，高頻度語は低頻度語より語彙判断課題や命名課題などの視覚的単語認知課題において，速くそして正確に同定される現象（たとえば，Forster & Chambers, 1973; Scarborough et al., 1977）を指す。この頻度効果は，視覚的単語認知課題に影響を及ぼす多くの効果（語彙判断課題や命名課題に影響する数多くの変数を検討した研究として，たとえば，Graf et al., 2005 参照）の中でも頑健であり，一般的に広くみられる効果とみなされてきた。そのため，どの視覚的単語認知モデルにおいても重視されている効果である。

しかし，近年，視覚的単語認知課題で認められる頻度効果を重視する考え方に疑問を投げかけるさまざまな研究が報告されている。それらの研究とは，頻度効果は課題間で大きく変動するため，課題に依存して生じる効果であるとするものや，単語についての主観的な親近性や獲得した年齢といった頻度効果と相関する他の変数の方がより確かに視覚的単語認知課題の遂行成績を予測できることを示し，頻度効果はその結果として生じる効果であるとするものである。そして，これら諸研究からの結論は，頻度効果自体の存在を完全に否定するものではないが，他の変数によっても説明できるため，視覚的単語認知の理論的説明においてそれほど重要なものではないという考え方になる。

このような従来型の頻度効果に対する疑義が生じた理由の1つとして考えられるのが，頻度自体が材料変数であるという点である。そのために頻度を実験的に操作しても意味がないことになり，頻度と相関する他の変数によっても頻度効果が説明可能になっている。もう1つの理由は，後述するようにほとんど

の単語認知モデルが頻度効果の所在を処理過程の一部分に限定していることからもわかるように，視覚的経験の回数による影響を単一のメカニズムによって捉えていた点である。

　第II部では，視覚的経験の頻度が視覚的単語認知にどのように影響するかという観点から頻度効果について再考し，視覚的経験の頻度を表層的側面と深層的側面の両面から捉える必要性を論じる。そして，これまでの視覚的単語認知モデルの問題点を指摘する。なお，ここでは頻度効果を表層的・深層的両側面から捉える上で，英語における同音偽単語（たとえば，単語BRAINをもとに作成した非単語BRANE）や，第I部で明らかとなった表記の親近性を利用した研究が有益であると考える。それによって，これまで視覚的頻度の効果として一括して考えてきたものがいくつかの要素に分割できること，そしてそれぞれが視覚的単語認知において異なった働きをすることを示すことができるからである。

## 第2節 単語の頻度効果と単語認知モデル

　視覚的単語認知における頻度効果については，古くは20世紀前半にPreston（1935）が当時の頻度表（Thorndike, 1931）を用いて，高頻度語の命名潜時の平均は578ミリ秒であるのに対して低頻度語の平均は691ミリ秒であることを報告している。その後，より洗練された装置と手法で語彙判断課題や命名課題における頻度効果が1970年代に多数報告され，その後もこれらの研究を追試する研究が数多く行なわれた。特に，英語圏では古くから単語の出現頻度が調べられており（Carroll et al., 1971; Kucera & Francis, 1967; Thorndike & Lorge, 1944），これによって洗練された実験計画が可能であった。そのため，頻度を変数にして視覚的単語認知課題の遂行成績を検討した研究は膨大な数にのぼっている。

　単語の頻度あるいは出現頻度とは，基本的には多様な印刷物にもとづいて調査されたもので，平均的な成人が特定の綴りパターンに遭遇する経験の大まかな見積もりであると一般的に考えられている。高頻度語は，その綴りに出会う機会の多い単語であり，低頻度語はそれを経験する機会が少ない単語である。

そしてこのように，頻度の異なる単語群に対する単語認知課題の遂行成績の差を頻度効果と呼ぶ。操作的には印刷物に出現する回数をカウントし，その値が実際に経験する頻度の推定値として扱われてきた。そして，このような操作的定義にもとづいてカウントされた頻度を変数とすることによって得られた実験結果を説明するために，多くの視覚的単語認知モデルが提唱されてきた。

頻度効果は顕著に現われる効果であるために，視覚的単語認知モデルにおいて説明されなければならない第1の変数であると考えられてきた。実際，この頻度効果の説明を組み込んでいないモデルは存在しないといってよい。そして，さまざまな単語認知モデルにおいて，この効果を説明するためにこれまでさまざまな前提が設けられてきた。しかしながら，どのようなモデルであっても，頻度効果を重視するという点においては共通するものの，頻度効果の所在（locus）について必ずしも統一した見解があるわけではない。ただ，後に述べるように，どのモデルにおいても頻度効果の所在は1つであるという標準的な前提だけは共通する。

ところで，視覚的単語認知のモデルはLupker（2005）の分類に従うと，大きく分けて，走査モデルと活性化モデルに分類できる。走査モデル（search model）ではForster（1976, 1989）のビン・モデルや，活性化モデルと走査モデルが混在した活性化-照会モデル（verification model: Becker, 1976; Becker & Killion, 1977）が代表的なものである。一方，活性化モデルとしては，相互活性化モデル（interactive activation model: McClelland & Rumelhart, 1981; Rumelhart & McClelland, 1982）とロゴジェンモデル（logogen model: Morton, 1969, 1979）がその代表的なものであるが，並列分散処理モデル（parallel distributed processing model: PDP model: Rumelhart & McClelland, 1986; Seidenberg & McClelland, 1989）もこの範疇に含めることができる。これらのモデルによって頻度効果がどのように説明されてきたのかを次に述べる。

## （1）走査モデル

走査モデルでは，前語彙的コードと心的な語彙コードの集合とを比較し，合致することによって単語認知が成立すると考えられている。このタイプのモデ

ルの代表例は Forster（1976）のビン・モデルである。そこでは，メンタル・レキシコンは，綴りアクセスファイル，音韻アクセスファイル，およびマスターファイルから成っていると仮定された。はじめ2つのアクセスファイルは，綴り情報と音韻情報に対応する語彙表象であり，マスターファイルは意味，語音，スペルといった感覚情報に依存しないようなタイプの情報をもつと考えられている。

　このモデルでは，入力された綴り表象がメンタル・レキシコン内の語彙項目のいずれかと一致するまで継時的に走査される。このとき，メンタル・レキシコン内のすべての単語リストを走査するのではなく，単語を構成している文字を同定し，この文字に関する情報によってアクセスのための複数の語彙項目からなる下位集合すなわち綴りアクセスファイルをまず選択する。たとえば，"テ"ではじまり"ス"で終わる単語というような特徴にもとづく綴りアクセスファイルであれば，"テニス" "テラス" "テンス"などがその選択されたアクセスファイルには含まれる。このファイル内で，入力された綴り表象と一致するものを継時的に走査し，みつかり次第終了すると考えるのである。その後，マスターファイル内の対応する項目へと進み，そこで得られた単語の完全な綴りがもとの刺激語と再びチェックされ，一致した場合は単語として同定され，一致しない場合は再び綴りアクセスファイルでの走査が行なわれる。

　このモデルでは頻度効果を説明するために，次のように仮定されている。すなわち，最もよく経験する高頻度語は，アクセスファイルのはじめにくると考えるのである。これによって，高頻度語は低頻度語より一致するものがみつかるまでの比較回数が少なくてすむ。すなわち，速く同定されることになるのである。

　走査モデルのもう1つの例は，活性化照会モデルである（Paap et al., 2000; Paap et al., 1982）。このモデルのもとになるモデルは Becker（1976, 1979, 1980）の照会モデルで，後にそれが活性化照会モデルに発展した。これらのモデルはいずれも，単語の同定は2つの独立した段階で生じると考える。第1段階は，活性化モデルと同様，並列的な活性化である。この活性化を必要とするという点では相互活性化モデルと同じであるが，それだけでは十分ではないと考える。1つの単語が同定される前にこの活性化段階は終わり，刺激語と綴り

の上で類似しているか，少なくとも矛盾しないという大まかな基準で複数の候補語からなる感覚セットをつくりだす。その一方で，同時に刺激語の視覚表象が構成される。第2段階は照会段階であり，そこではレキシコンから検索された感覚セット内の候補語についての情報が刺激語の視覚表象とかなり詳細に比較されるが，これがすなわち照会（verify）という段階である。ここでは，候補語群は系列走査モデルと同様に，視覚表象と一致するまで継時的に検索されると考えるのである。このモデルでは，照会段階が生起しないマスキングされた単語を用いた場合，頻度効果はきわめて小さくなること（Paap et al., 1982）から，頻度の影響は活性化段階には及ばないとされている。ただ，照会段階の系列性については，変更可能で絶対的なものではないという考えもある（Paap et al., 1987）。

このモデルで頻度効果を説明すると次のようになる。候補語群をつくりだす過程においては頻度の影響を受けないが，照会段階における継時的な比較は頻度順に行なわれる。つまり，高頻度語は低頻度語より速く視覚表象と比較され，高頻度語は速く視覚表象との一致に成功するため速く同定されることになる。このように頻度効果は照会段階で生じ，単語の頻度に関する情報は個々の語彙項目に備わっていることになる。

## （2）活性化モデル

ロゴジェンモデル（Morton, 1969, 1979）では，語彙処理システムの中にロゴジェンと呼ばれる特徴検出装置があると仮定する。このロゴジェンは入力刺激の特徴がそこに表象されている単語の特徴と一致する度合いが増すにつれて活性化が促進され，一致しない場合には抑制される。また，ロゴジェンは各々の単語に対応した形でそれぞれ異なる認知閾をもち，あらかじめ定められた活性化の閾値を越えると発火（fire）し，単語が同定され，単語への反応が可能になると考えられている。そして，ロゴジェンの閾値は関連する文脈を経験することによって一時的に低下し，また繰り返し遭遇することによって比較的長期間にわたって低下すると仮定された。そのため，繰り返し経験する高頻度語は，閾値が比較的永続的に低下することになり，少ない感覚入力でもロゴジェンが発火し，同定されると仮定することによって頻度効果が説明されたのであ

る。

　この後に提唱され，後の多くのモデル（Coltheart et al., 2001; Grainger & Jacobs, 1996）の基礎となる考え方を提供したモデルとして，相互活性化モデル（McClelland & Rumelhart, 1981）がある。ここでは，視覚特徴ユニット，文字ユニット，単語ユニットという3つの処理ユニットを想定し，それぞれのユニットは興奮性リンクと抑制性リンクによって結合されている。単語が視覚的に提示されると，対応する視覚特徴ユニット群が活性化され，続いて文字ユニット，単語ユニットと活性化されていくと考える。相互（interactive）ということばが用いられている理由は，このような低次のユニットから高次のユニットへの活性化の伝播だけでなく，高次のユニット群内での活性化が進むにつれ，その結果が実行中の低次のユニット群における処理に影響を及ぼすとされているからである。このモデルにおいて，単語ユニット内では1つの単語ごとに1つのノードがあり，そのノードには活性化水準（activation level）と静止水準（resting level）があると仮定する。活性化水準はその時々で変動するが，静止水準は比較的長期間にわたるノードの活性化水準によって決定される。高頻度語のノードは常に活性化されるため高い静止水準をもつが，低頻度語のノードは稀にしか活性化されないため静止水準は低いと仮定されており，そのために頻度効果が生じると考えられている。

　またSeidenberg & McClelland（1989）によってはじめに提案された並列分散処理モデルでは，各々の単語に対応した個別の語彙表象の存在を考えるのではなく，各単語は活性化のパターンによって表象されていると考える。そこでは，単語の綴り上の特徴，音韻上の特徴，意味上の特徴のそれぞれを符号化できる表象ユニットが存在し，各ユニット上に分散された活性化のパターンによって単語が表象されると仮定している。このモデルでは，学習経験の結果として，綴りユニット内の連合の強度が増大し，それに伴って綴り表象の強度が増大する。加えて，綴り表象と意味表象あるいは音韻表象との間の連合強度も増大する。そのため，単語に出会うたびに領域内と領域間の連合が強化される（McRae et al., 1990）。高頻度語は低頻度語に比べて繰り返し経験されるため，頻度効果はこのような学習経験の結果生じることになる。視覚的単語認知の場合，入力される綴り入力によって生じる各ユニットにおける活性化のパターン

によって，それぞれの情報が算出される。ユニット間はリンクされており，その連合強度は学習によって変化する。このモデルによれば，命名課題の頻度効果は，繰り返し経験する高頻度語は綴りユニットと音韻ユニットとの結合強度が強く，低頻度語より反応が速くなるために生じると考えられている。また，語彙判断課題における頻度効果は，綴り入力における活性化と綴り出力における活性化との比較にもとづく差の算出が行なわれ，その差から生じる綴りの親近性が判断プロセスに影響することによって生じると仮定されている。

## 第3節 頻度効果に対する疑義

　前節で述べたように，視覚的単語認知研究における諸モデルの構築過程において，頻度効果が重要な役割を果たしてきたことは事実である。そして，頻度効果の説明は多様ではあるが，頻度効果の所在は1つであるという点についてはこれらのモデルで共通している。

　その一方で，純粋な意味での頻度効果は存在しないのではないかという疑義が投げかけられている。まず，第1に，Balota & Chumbley による親近性を重視した一連の研究（Balota & Chumbley, 1984, 1985, 1990）は，頻度効果を考える上で無視できないものである。彼らの主張の1つ目は，頻度効果は課題間で大きく変動するため，課題に依存して生じる効果であるというものである。頻度効果は単語の同定過程に共通して認められる効果ではなく，伝統的に用いられてきた語彙判断課題でのみ顕著に認められるような課題特殊性をもった効果ではないかというものである。2つ目は，語彙判断課題では頻度ではなく，主観的親近性の要因の方が視覚的単語認知課題の遂行成績をよりよく予測できるというものである。すなわち頻度効果は，頻度と親近性が相関するために結果的に生じた見かけ上の効果であるというのである。

　第2に，生後の早い時期に習得された単語は，後に習得された単語よりも視覚的単語認知課題における成績が優れるという獲得年齢効果も数多く報告されている（絵の命名スピードに関しては，Carroll & White, 1973; Gilhooly & Gilhooly, 1979; Morrison et al., 1992。単語の命名スピードに関しては，Brown & Watson, 1987; Coltheart et al., 1988; Gilhooly, 1984; Gilhooly & Logie, 1981;

Rubin, 1980)。これらの研究は,頻度効果は見かけ上の効果であり,実際は早期に習得された単語は後に習得された単語より速く反応できることを反映しているにすぎないことを示唆するものである。たとえば,幼児期に獲得される可能性が高い"かいじゅう"という単語は,それ以降に獲得される可能性の高い"もうじゅう"より反応時間が短いというのである。そして,その原因は標本となる単語にもよるが,頻度と獲得年齢との間に.40 (Rubin, 1980) から.71 (Gilhooly & Logie, 1982) 程度の相関があるために生じた可能性が Morrison & Ellis (1995) によって指摘されている。

### (1) Balota & Chumbley の主張とそれを支持する研究

1970 年代はじめから単語認知の研究者が好んで用いた語彙判断課題は,個々の単語の意味や発音へのアクセスを必要としない同定であり,いわゆる語彙の同定のみが捉えられていると考えられてきた。もし個々の単語の同定に頻度効果が認められるのであれば,その効果は命名課題やカテゴリー判断課題でも同程度に認められるはずであるが,実際には語彙判断課題に比べ,命名課題や意味分類課題ではより小さいことが示されてきた。

Balota & Chumbley (1984) は,意味分類課題は語彙判断課題よりも詳しい同定が必要であるから,その頻度効果は語彙判断課題より大きなものになるであろうと考えた。そこで,両課題における反応時間を重回帰分析したところ,意味分類課題では頻度効果が有意に認められなかったが,語彙判断課題では有意に認められた。このことから,語彙判断課題でみられる頻度効果は意味分類課題との共通部分である同定プロセスではなく,語彙判断課題特有の判断プロセスによると結論づけている。そこで,彼らは語彙判断課題では親近性／有意味性次元にもとづく評価が行なわれると考えた。単語か非単語かを判断すべき文字列が提示されると,素早く文字列からおおまかな親近性／有意味性値が算出される。そしてその値が最低基準および最高基準と比較され,これらの基準値の範囲よりもその値が大きければ単語と判断され,小さければ非単語と判断される。また,その値がこれらの基準値間であれば,文字列の詳細な処理が行なわれると考えたのである。そして,語彙判断課題で頻度効果が生じるのは,低頻度語が親近性／有意味性次元において非単語との弁別性が低いによる

と説明している。

　また，遅延命名課題を用いた Balota & Chumbley（1985）の実験結果は，通常語彙アクセスが完了していると考えられる400ミリ秒より長い遅延（たとえば，1400ミリ秒）をおいても，直後命名より小さいが頻度効果が認められることを報告している。このことから，命名課題にみられる頻度効果は主として発音課題における産出段階，すなわち語彙アクセス後に生じるプロセスにあるはずであると考えた。また，この議論を一歩進めて，McRae et al.（1990）は，命名課題における頻度効果は同定プロセスにおけるものではなく出力プロセスにおけるものであることを示唆している。

　これらの議論をふまえて，Balota & Chumbley（1990）は，頻度が語彙同定に影響しないと断定しているわけではないが，語彙判断課題や命名課題に認められる頻度効果がそのまま語彙同定に及ぼす頻度効果の指標とはいいきれないとしている。

　このように，課題ごとに頻度効果の大きさが異なるという事実から，語彙同定以外に頻度効果に敏感な課題特有の要因が含まれていると彼らは主張した。そして，頻度と語彙同定を直接結びつけて考えると，その関係を見誤ることになるとしている。したがって彼らの説は，頻度効果が同定プロセスに認められるとする単語認知モデルとは一線を画するものであるといえる。

　しかし，Connine et al.（1990）は，課題としては語彙判断課題，直後命名課題，遅延命名課題を用い，刺激提示モダリティとしては視覚的提示と聴覚的提示を用いて，親近性と頻度の効果を検討している。語彙判断課題では，いずれの提示条件においても親近性効果と頻度効果が認められたが，前者は後者に比べてかなり大きなものであった。命名課題においては，親近性効果は提示モダリティや遅延時間にかかわらず認められたが，頻度効果は視覚的提示で直後命名の場合にのみ認められた。ただし，親近性効果は課題間で変動が大きかったが，頻度効果はよく似たものであった。頻度効果が語彙判断課題と命名課題で同程度であったにもかかわらず，親近性効果はアクセス後の判断要因の影響を受けやすい語彙判断課題だけに大きく認められた。また，命名課題では，長い遅延後に頻度効果が消失するのに対して，親近性効果は遅延条件でも比較的大きかった。これらの結果にもとづき，Connine et al.（1990）は，頻度効果が語彙

の同定に関して重要な役割を担っていること,そして親近性がアクセス後の処理要因に影響する可能性を示唆した。

### (2) 頻度と親近性の測定法に関わる問題

すでに述べたように単語の出現頻度は,Thorndike & Lorge (1944) やKucera & Francis (1967) などによって測定されたが,それらは印刷物においてある単語が現われる回数をカウントしたものである。そして,その後のさまざまな視覚的単語認知研究では,このようにして測定された視覚的経験回数が単語認知に影響すると考えられてきた。

一方,単語の親近性は主観的な親近性評定にもとづいて行なわれる。たとえば,Nusbaum et al. (1984) では次のようにして評定が行なわれた。すなわち,被験者はそれぞれの単語を「その単語の意味を知らない」から「その単語の意味をよく知っている」までの7件法で評定している。また,Gernsbacher (1984) では,単語を「非常に身近でない」(見たことがなく何であるかまったくわからない)から,「非常に身近である」(知っており,かつよく使用する)めでの6件法で評定を求めている。

このように,頻度と親近性の違いは,単に客観的な指標か主観的な指標かに留まらないのである。すなわち,頻度は視覚的な経験のみに依存した指標であるが,親近性はそうではない。その単語を話したり,書いたり,聞いたり,見たりした経験も親近性の評定には影響するのである。ある綴りが印刷物において出現する回数をカウントするという頻度の見積もりは,話す,聞く,書くという経験の頻度とはかなり異なるという批判もある (Balota et al., 2001)。もし,視覚的単語認知課題に視覚的経験以外の経験が影響するのであれば,頻度より親近性による方が課題の遂行成績の正確な予測が可能なのではないかと考えられる。実際,Gernsbacher (1984) によれば,主観的な評定によって測定された親近性は,印刷物における出現回数をカウントした頻度より包括的な測度であることを示唆し,Connine et al. (1990) は,親近性が産出容易性を含むクロスモダリティ的性質をもつことを示唆した。

これらの研究は,視覚的な経験のみにもとづいて決定されている頻度だけでなく,いろいろなモダリティを通してその単語を経験することの効果,すなわ

ち広義の頻度が視覚的単語認知課題の遂行成績を左右していることを示していると考えることができる。同時に，これら2つの効果はその所在が異なるため，視覚的単語認知課題の種類あるいはその特性によって遂行成績への影響の仕方に差が出ることを示していると考えることができる。そして，このように考えると，視覚的経験の効果が言語産出や聴覚的な単語認知にも影響し，その経験の効果の所在を複数考える必要性があるといえる。

　視覚的に提示された"パソコン"という刺激の親近性が高いという場合，視覚的なその綴りについての親近性という側面と，直接その対象を使用したり，聴覚的に経験したり，異なる表記で視覚的に経験することによって生じる親近性に二分できるであろう。

　一方，頻度は印刷物からカウントされた出現確率であり，視覚的経験の多寡の推定値である。視覚的経験の多寡が綴りに対する親近性の1つ目の側面とほぼ等しいものであるとみなすことができる。もし視覚的単語認知における遂行成績に対して頻度より親近性の方に説明力があるのであれば，それは親近性の2つ目の側面が頻度では考慮されていないことによる可能性がある。

### (3) 実験的操作の困難性

　頻度を要因とした視覚的単語認知実験を行なう場合，刺激語は，すでに作成されている出現頻度の規準表から選出するのが通常である。この場合に用いられる基準表は，印刷物から各単語の出現度数をカウントすることによって作成されている。そして実験的操作としては，その規準表に示された頻度の異なる単語群を選出し頻度要因の各水準に割り当てる。

　このような実験的操作においては，頻度は材料変数であるため1つの単語に対して操作を加える（たとえば，色を変える）ことによって，その単語をあるときは高頻度条件に，あるときは低頻度条件に割り当てているのではない。すなわち，材料変数としての制約から，他の条件を一定にして頻度効果だけを自由に操作することはできないのである。その意味で頻度を要因とした実験は実際には準実験であり，これまでの諸実験も単に高頻度語に対する反応時間は短く低頻度語に対する反応時間は長いという関係を示したにすぎないといえる。というのは，視覚的頻度の異なる単語群がそれ以外の特性においても異なる可

能性は否定できないからである。単語認知課題の遂行には，発話言語における頻度も影響し，さらにはモダリティによるこのような分類だけではなく，受容言語における頻度，あるいは表現言語における頻度などもその影響を否定できない。すなわち，頻度効果という場合，常にそれと相関する効果で説明できるのではないかという可能性が残る。したがって，視覚的単語認知課題の遂行成績に視覚的頻度が関係するという事実は否定できないものの，他のモダリティや産出による経験が視覚的単語認知課題の遂行に影響している可能性も否定できない。このように考えると，頻度効果が実は他の効果で説明できるのではないかという疑義が生じるのは当然のことであり，そのために親近性や獲得された年齢の効果であるという主張が生じたと考えられる。

## 第4節 視覚的経験の表層的側面と深層的側面

　すでに述べたように，視覚的頻度にもとづいた頻度効果は純粋に視覚的頻度の効果ではなく，複数の効果が混入した結果である可能性がある。しかし，視覚的経験の多寡が認知プロセスにまったく影響しないと結論することもできない。リーディングの研究において，視覚的に繰り返される経験による認知プロセスへの影響を検討することは認知心理学に課せられた重要な課題である。言語学習において，反復が大きな役割を果たすことはいうまでもない。それにもかかわらず読みの研究において視覚的経験が単語認知プロセスにどのような影響を及ぼしているかは明確になっていない。その原因は，前述のように，頻度効果を検討するにあたり，それ以外の要因を統制することの困難さにあるといえる。

　そこで本書では，ある単語が視覚的に経験された場合に生じる影響を表層的側面と深層的側面に分けて検討することによって，この問題の解決が可能になるのではないかと考えた。表層的側面とは単語の形態的な特徴を指し，深層的側面とは単語の意味的・音韻的側面を指す。たとえば，"野球"という単語が視覚的に経験された場合，その単語の視覚的パターンやその単語を構成するそれぞれの文字，文字数などといった視覚的な水準における表層的側面を経験すると同時に，その単語の示す概念や発音といった深層的側面も経験する。表層

的側面はその単語を視覚的に経験することによってのみ経験されるが，深層的側面はその単語と表層的特徴が異なる単語を視覚的に経験しても経験されたことになる点が異なる。たとえば，日本語の場合，"野球""やきゅう""ヤキュウ"と3とおりに表記することが可能であり，表層的側面についてはそれぞれ異なる3とおりの経験であるが，深層的側面については同じ1つの経験となる。そのため，異なる表記で経験した単語の頻度は，その単語の頻度の表層的側面には影響しないが，深層的側面には影響することになる。視覚とは異なるモダリティである単語を経験した場合も同様である。

　これまで，視覚的経験の影響をこのような2側面で考えてこなかった大きな理由としては，視覚的単語認知研究がローマ字のアルファベットを用いる国々で主に行なわれてきたことがあげられる。たとえば，英語の場合，"baseball"はそれ以外に綴る方法がないため，深層的側面を経験することと，表層的側面を経験することは同じになる。したがって，視覚的経験の効果を検討する場合に，表層的側面と深層的側面が一体として経験されるために分けて考える必要がなかったのではないかと思われる。

　このように考えると，これまでの視覚的単語認知研究は頻度の表層的側面と深層的側面を区別せずに取り扱ってきたことになる。そのために頻度効果に対する単一のメカニズムによる説明が行なわれてきたのであり，それによって多くの矛盾も生じるに至ったということができる。

　もちろん，欧米の研究において視覚的に提示される単語における表記の変動を取り扱った研究としては，フォント，印字色，印字か手書きかといったものを変動要因として取り扱ったものがある。これらの要因を検討した研究からは，それらが単語認知システムに影響を与えるという結論は得られていない。むしろ，単語認知システムに入力される前に典型的な綴りに変換されるべきものとして取り扱われている。そして，このように典型化された情報が単語認知システムに入力されるとみなされた。この考え方が日本語の表記文字の変動にも適用できるのであれば，2種類の頻度を考慮する必要はなくなる。頻度の表層的側面をこのように捉えることができるのか否かも興味深い。

## (1) 同音偽単語を用いた研究からの示唆

　視覚的経験としての頻度をこれら2つの側面から検討しようとした研究ではないが、結果として表層的側面を統制して深層的側面を検討した研究がある。それは、同音偽単語（pseudohomophone）を用いた研究である。同音偽単語とは、文字列上は実際の単語ではないが、発音上は実際に存在する単語（たとえば、BRAIN）と同じ発音となりうる文字列（たとえば、BRANE）を指す。Rubenstein et al. (1971a) は、同音偽単語を非単語に分類するのは、そうではない非単語を分類するより時間がかかることを実証し、この効果が同音偽単語効果（pseudohomophone effect: PHE）として知られるようになった。これらの研究を視覚的頻度の表層的側面と深層的側面からみると、次のように解釈できる。すなわち、同音偽単語は実際に使われている単語の文字列ではないため視覚的頻度による表層的側面への影響がないとみなされる。そのため、同音偽単語と同じ発音の単語に頻度効果が現われた場合、それは深層的側面のみによって生じたことになる。

　そして、この同音偽単語効果と頻度との関連をみる研究が近年行なわれている。たとえば、命名課題を用いた McCann & Besner (1987) では、同音偽単語（たとえば、BRANE）はそうでない非単語（たとえば、FRANE）より命名スピードが速いという同音偽単語効果は認められるが、同音偽単語と同じ発音の単語の頻度は同音偽単語の命名時間に影響しないことが示された。また Seidenberg et al. (1996) では、遅延命名課題においても同音偽単語効果が認められ、また同音偽単語と同じ発音の単語の頻度効果は認められなかったことを報告している。一方、刺激の工夫（たとえば、Borowsky & Masson, 1996, 1999）やリスト構成の変化（たとえば、Marmurek & Kwantes, 1996）によって、同音偽単語と同じ発音の単語の頻度効果が現われるという報告もある。

　そして、同音偽単語と同じ発音の単語の頻度効果が認められない場合には、深層的側面が視覚的頻度によって影響を受けないと考えることができる。この場合、頻度効果を深層的側面から説明しているロゴジェンモデルや相互活性化モデルにとっては不利な結果であるが、PDPモデルや走査モデルにとっては有利な結果である。一方、同音偽単語と同じ発音の単語の頻度効果が認められる場合は、深層的側面も視覚的頻度によって影響を受けると考えることができ

る。この場合，頻度効果を単一のメカニズムで説明しようとする現存の単語認知モデルにとって，不利な結果であると考えることができる。

また，綴りの上では単語でないが発音すると同音の単語があると判断されるかどうかを問う音韻的語彙判断課題を用いたGrainger et al.(2000)の実験3は，同音偽単語と同じ発音の単語の頻度効果が非常に強く現われることを報告している。このことは，頻度効果を単語の視覚的親近性によって説明しようとする立場に対して強い反論となるであろう。

しかし，英語表記では形態素をもつため，発音が同じでも違った文字列からなる形態素が異なった意味を誘導してしまう可能性がある。たとえば，日本語の漢字を用いた同音偽単語の場合，"学校"に対して"岳高"という同音偽単語を作成できるが，岳や高といった単語を構成する単位がそれぞれ意味をもつために，「がっこう」という命名や語彙判断をそれらの一文字の漢字が妨害する効果が生じる可能性がある。これと同様のことが英語でも生じるであろう。したがって，英単語を用いて明らかとなる同音偽単語とそのもとになる単語に対する遂行成績の差に，頻度の表層的側面のみではなく意味的妨害という効果も混入してくることが考えられる。さらに，同音偽単語効果は単語との綴りの類似性によるもので，その点を統制すれば同音偽単語効果は消失するという報告(Seidenberg & McClelland, 1989)もある。また，Seidenberg & McClelland (1989)は第1音素と文字数を統制すれば同音偽単語効果は消失することも報告し，一貫してこの効果に対する疑問を示している。そのため，英語における同音偽単語を用いることが，頻度の表層的側面と深層的側面を検討する上で最適な手法とはいえない。

### (2) 表記の親近性にもとづく頻度効果の検討

そこで，このような問題点を克服する方法の1つとして利用可能となるのが，第Ⅰ部で明らかにした表記の親近性効果である。すなわち，日本語の場合は英語と異なり，ある単語を複数の表記で綴ることができる。そして，各単語とそれらの表記との間には，その単語に対してある表記がしばしば用いられるために単語と表記の親近性あるいは一致度が高い場合もあれば，ほとんど用いられずにそれらが低い場合もある。この表記の親近性効果は，単語と表記の間の親

近性を指しており，上に述べた一般的に用いられている親近性という概念のように，ある刺激材料が私たちにとってどの程度身近であるかというものとは異なり，ある単語の表記文字との対応関係にもとづくものである。したがって，視覚的単語認知における表記の親近性といった場合，ある単語をある表記で目にする経験の相対的な多寡の効果であるということができるであろう。すなわち，表記文字まで考慮に入れると，表記の親近性の高い場合は目にする頻度が高いということになり，表記の親近性が低い場合は目にする頻度は低いということになる。そのため，ある外来語単語をカタカナで表記する条件とひらがなで表記する条件を設けることによって表記の親近性を操作すれば，視覚的頻度を独立させて操作したことになり，両条件を比較することにより頻度の表層的側面を検討することができるであろう。

　また，外来語をひらがなで表記した場合の頻度効果（カタカナでの頻度にもとづく）を検討することにより，頻度の表層的側面を統制して深層的側面を検討することができるであろう。さらに，英語における同音偽単語のように，かな単語では意味的妨害の混入も考慮する必要がない。また，単語との綴りの類似性の問題も生じない。そして，もし深層的側面と表層的側面になんらかの乖離が認められれば，頻度効果が単一のメカニズムで説明できない重要な証拠となると考えられる。しかし，これまで表記の親近性に関する研究では，直接的に頻度効果について言及したものはなく，今後，かな単語を用いた頻度効果の解明が期待される。

　一方，日本語では一部の例外を除いて外来語はカタカナで表記されるためカタカナ文字と外来語との親近性が高いが，ひらがなとの親近性は低い。そのため，ある単語をカタカナで表記する条件とひらがなで表記する条件を設ければ視覚的頻度を操作したことになり，しかも英語における同音偽単語のように形態素による妨害の影響も考慮する必要がないはずである。しかし，これまで表記の親近性に関する研究では，直接的に頻度効果との関連性に言及したものはない。ただし，それらの研究から頻度効果に関する示唆が得られると考えられる。すでに第Ⅰ部において表記の親近性について検討し，それが視覚的単語認知に影響することを明らかにした。そこから視覚的頻度効果についてどのような示唆が得られるかを考えると，さらに，日本語における表記の親近性を利用

することによって頻度効果の新しい側面が明らかになる可能性があると考えられる。

## 第5節　問題の所在

　表記の親近性効果は，ある特定の表記文字で綴られていることを目にする頻度の高い単語は低い単語よりも視覚的単語認知における遂行成績が優れるという効果であるといえる。このような考え方からすれば，表記の親近性効果も頻度効果と類似の効果であるとみなすこともできる。

　このように，特定の綴りパターンに対する視覚的な頻度という点において，単語の頻度とその表記の親近性は共通しているが，ある単語の意味や発音にアクセスされた経験の多寡という点においては，これら両変数は異なっている。すなわち，高頻度語（あるいは，低頻度語）は単語の視覚的親近性が高い（あるいは，低い）ことに加えて，意味や発音にアクセスされた頻度も高い（あるいは，低い）。しかし，表記の親近性の高い（あるいは，低い）単語の場合，意味や発音にアクセスされた頻度が高い（あるいは，低い）とは限らない。したがって，頻度に関しては表層的側面と深層的側面をもつが，表記の親近性に関しては頻度の表層的側面のみと関係する。このような単語の頻度とその表記の親近性という2種類の単語の特性を利用して，頻度効果の所在に関する知見を得ることができると考えられる。

　従来の研究における頻度効果の捉え方に対しては多くの批判があるが，それらの批判が生じた原因の第1は，頻度という変数自体が材料変数であるため，純粋な形で頻度効果を実証することが困難であったこと，第2は，頻度を単一の側面で捉えていたことであると考えられる。そこで本研究では，単語を表層的側面と深層的側面とに区別して頻度効果を捉えることによって頻度効果に対する疑義の一部に答えることが可能ではないかと考えた。それらの疑義とは，頻度効果は語彙判断課題特有の効果ではないかというものと，頻度効果は実は親近性効果ではないのかというものであった。

　そこで，以下の一連の実験において，視覚的経験の頻度が視覚的単語認知に及ぼす影響を検討するにあたり，単語の出現頻度を表層的側面と深層的側面に

分け，それぞれが質的に異なる影響をもつ可能性について考える。そのための最適な方法として，日本語の表記システムがもつ表記の多様性を利用することが可能であり，それによって従来の欧米の表記システムを用いた研究によっては検討できなかった点が解明されるであろう。

# 第6章 単語の視覚的認知課題に及ぼす頻度の表層的側面と深層的側面の検討

## 第1節 問題

　前章において，単語の出現頻度を表層的側面と深層的側面という2つの側面から捉えるという視点がこれまで欠如していたことを指摘した。そして，これまで一括りに捉えていた視覚的単語認知における頻度効果は，実際はこれらの性質が異なる2つの側面が合わさった複合的な効果であると考えることによって，頻度効果に関する疑義の一部に答えることができるのではないかと議論した。そして，英語の表記システムにおける同音偽単語を用いた研究では，これら両側面を十分に検討できないため，日本語の表記システムを用いて検討することが最適であると結論づけた。

　そこで本章では，頻度の2側面が独立して単語認知課題における頻度効果として認められるか否かを実験的に検討する。頻度効果の深層的側面を検討できると考えられる，通常カタカナ表記される外来語をひらがな表記した単語，および頻度効果の表層的側面と深層的側面が混在していると考えられるそれらのカタカナ表記した外来語を刺激語として用い，両タイプの刺激語にみられる頻度効果を，研究8では語彙判断課題を，研究9および研究10では命名課題をそれぞれ用いて頻度効果を検討する。すなわち，これらの実験において通常カタカナ表記される外来語の頻度効果とそれらをひらがな表記した場合の頻度効果（カタカナで表記された場合の頻度にもとづいた高頻度語と低頻度語の反応時間の差）を検討する。

　すでに述べたように，ひらがな表記した外来語は単語の深層的側面のみをもち，カタカナ表記した外来語は単語の表層的側面と深層的側面をもっていると論理的には考えられる。そして，これらの頻度効果を比較することにより，そ

れら両側面が実際の単語認知課題における頻度効果にどのように影響するかが明らかになる。カタカナ表記の外来語に頻度効果が認められ，ひらがな表記の外来語には頻度効果が認められない場合，これまで認められてきた頻度効果は，表層的側面が同じ単語に対する視覚的経験の多寡の効果であるということができるであろう。すなわち，従来どおり頻度効果を単一の効果と考える立場が支持される。一方，カタカナで表記した外来語だけではなく，ひらがなで表記した外来語にも頻度効果が認められれば，視覚的形態が同じではないが発音や意味などの属性は同一の単語，すなわち表層的側面は同じでなくとも深層的側面が同じである単語に対する視覚的経験の多寡の効果も頻度効果に含まれていると考えられる。さらに後者の場合，カタカナ表記とひらがな表記の外来語にみられる頻度効果の大きさが同程度であれば，これまで認められてきた頻度効果は頻度の深層的側面のみを反映したものということができるであろう。また，カタカナ表記の外来語の頻度効果がひらがな表記の外来語の頻度効果より大きければ，これまで認められてきた頻度効果には，頻度の表層的側面と深層的側面の両側面による効果が混在していた可能性が示唆されることになるであろう。この場合，頻度効果を単一のメカニズムで説明することが困難になると考えられる。また，課題として語彙判断課題と命名課題を用いこれら二側面の頻度効果を検討することにより，課題特有の頻度効果と課題共通の頻度効果を区別することができるのではないかと考えられる。

さらに，ひらがな表記の外来語に頻度効果が認められるかという点に関しては，英語における源語頻度効果（base word frequency effect）に関する議論，すなわち同音偽単語を作成するにあたり，もとになった単語の頻度効果が認められるかという議論に新しい知見を提供することができる。命名課題において同音偽単語の頻度効果を取り扱った代表的な研究としては，McCann & Besner（1987）をあげることができる。彼女らは，通常の非単語より同音偽単語に対する反応の方が速いという同音偽単語効果を示すと同時に，同音偽単語のもととなった単語の頻度は同音偽単語の命名速度に影響しなかったことを示した。しかし，近年多くの研究が同音偽単語の命名におけるそのもとになる単語の頻度効果を，リスト中の非単語を取り除くことによってみいだしている（たとえば，Grainger et al., 2000; Marmurek & Kwantes, 1996）。そして，

Seidenberg & McClelland（1989）は，同音偽単語を用いた命名課題においてそのもとになった単語の頻度効果が認められる場合，その効果は単語 BRANE に対して同音偽単語 BRAIN というように，英語の場合に生じる単語と同音偽単語との綴りの類似性によるものであると考えている。すなわち，綴りとの連合強度で頻度効果を説明しようとする並列分散処理モデルの立場からの説明である。もし，Seidenberg & McClelland（1989）の主張が正しければ，ひらがな表記した外来語においては頻度効果が認められないはずである。なぜなら，同音偽単語とそのもとになる単語との間に綴りの類似性が大きい英語とは異なり，日本語における外来語のカタカナ表記とひらがな表記との間（たとえば，"テニス"と"てにす"）には綴りの類似性がきわめて低いと考えられるためである。

## 第2節 語彙判断課題における頻度の表層的側面と深層的側面の検討（研究8）

### ◆問題◆

カタカナ表記した外来語とひらがな表記した外来語における頻度効果を語彙判断課題を用いて検討し，その結果から表記の2側面が頻度効果に及ぼす影響を明らかにする。また，英語圏における研究での同音偽単語効果の原因が綴りの類似性によるものであるか否かについても明らかにする。

### ◆方法◆

**被験者**

女子大学生15名が本実験に参加した。被験者の年齢範囲は20歳5ヶ月から22歳1ヶ月，平均は21歳2ヶ月で，いずれも正常な視力あるいは矯正視力を有する者であった。

**装置および刺激**

刺激の提示と反応の測定には，Apple社製パーソナルコンピュータPowerMac7300/166，15インチカラーディスプレイとCedrus社製の反応ボックス，およびCedrus社製心理学実験用ソフトウェア SuperLab が用いられた。

刺激語には，天野・近藤（2000）より高頻度語として単語頻度（log10[n]）が3.7以上の外来語を50語，低頻度語として単語頻度（log10[n]）が1以上2

以下の外来語を50語選出した[※4]。また，同数の非単語として単語との類似度の低い文字列を林（1976）の「ノンセンスシラブル新規準表」を参考に作成した。なお，すべての単語，非単語とも，3文字から5文字であった。これらの高頻度語群，低頻度語群，非単語群について，頻度や文字数が等しくなるようにそれぞれを二分し，一方をひらがなで表記し，もう一方をカタカナで表記したリストを構成した。また，それらの表記を入れ替えたリストも作成した。これらのうちいずれか一方のリストをそれぞれの被験者に割りあてた。刺激の例は表6−1に示したとおりである。以上の刺激構成により，各被験者は200の文字列について反応することになる。

◆表6−1　刺激語の例（研究8）

|  | ひらがな | カタカナ |
|---|---|---|
| 低頻度 | おあしす | オアシス |
| 高頻度 | びじねす | ビジネス |

**手続き**

本実験は被験者ペースで行なわれた。「スペースキーを押して下さい」という試行の開始を促す表示が画面中央に水平に提示され，被験者がスペースキーを押すことによって各試行が開始される。その後，注視点が1秒提示され，最後にターゲット語が提示された。ターゲット語は被験者の反応と同時に消去され，再び「スペースキーを押して下さい」という表示が，提示された文字列のそれぞれの文字と同じ位置に提示された。なお，ターゲットの提示時間は最大2秒であり，その間無反応の場合は自動的に刺激が画面から消え，次試行が開始された。ターゲット語となる文字列の提示順序は，表記文字および単語／非単語に関して被験者ごとにランダムにされた。被験者は，反応の準備ができ次第，左手で前方のコンピュータ・ディスプレイの指示どおりにスペースキーを押し，それによって現われる注視点を凝視し，最後に提示される文字列に対し，単語であれば反応ボックスの肯定ボタンを，単語でなければ否定ボタンをできるだけ速くかつ正確に押すという語彙判断反応が求められた。被験者は利き手

---

注）
※4　ここでは，カタカナ表記の外来語もひらがな表記の外来語も，カタカナ表記において調査された頻度にもとづいて，高頻度語，低頻度語とそれぞれ呼んでいる。

の示指で肯定反応を，中指で否定反応をする者と，利き手の中指で肯定反応を，示指で否定反応をする者に折半された。ターゲットとなる文字列が提示されてから被験者の語彙判断反応として反応キーのいずれかのボタンが押されるまでの時間を測定し語彙判断時間とした。なお，本実験の前には，被験者が手続きに習熟するよう20試行からなる練習試行を行なった。また，本実験の実施に際して，50試行ごとに2分のインターバルを挿入した。実験に要した時間は教示を行なう時間を含め被験者1人あたり約20分であった。

なお，刺激語は55センチメートル離れたコンピュータ・ディスプレイ上に1字あたり視角にして0.59度×0.59度の大きさのゴチック体で提示された。各刺激語は横書きで提示されたので，単語あたりの視角は文字間のスペースも含めて，0.59度×2.09度（3文字）から0.59度×4.19度（6文字）であった。

◆ 結果 ◆

全被験者の正反応を分析の対象とした。被験者ごとの平均反応時間と誤反応率およびそれらの標準偏差を算出した結果を表6−2に示した。平均反応時間に関して，頻度および表記の2要因分散分析（いずれも被験者内要因）を行なったところ，頻度の主効果（$F(1,14) = 89.34, p<.01$）および表記（$F(1,14) = 73.79, p<.01$）の主効果が有意であった。また，両主効果の交互作用も有意であった（$F(1,14) = 18.43, p<.01$）。単純主効果の検定の結果，カタカナ表記においてもひらがな表記においても頻度効果が認められた（それぞれ，$F(1,14) = 132.41, p<.01; F(1,14) = 28.90, p<.01$）。なお，表6−2より反応時間と誤反応率との間に反応速度と正確性のトレードオフは生じていないことが示されている。

◆表6−2　各条件における平均反応時間（ミリ秒）と誤反応率（%）（研究8）

| | ひらがな | | カタカナ | |
|---|---|---|---|---|
| | RT | Error | RT (ms) | Error |
| 低頻度 | 623.5 (81.4) | 13.3 (6.8) | 570.4 (63.6) | 6.8 (5.4) |
| 高頻度 | 591.2 (68.6) | 7.7 (6.1) | 513.7 (50.9) | 1.3 (1.9) |

＊カッコ内は標準偏差

◆ 考察 ◆

　本実験では，これまで一括りに取り扱われてきた単語の頻度の深層的側面と表層的側面の2側面が単語認知課題に及ぼす効果を明らかにするために，語彙判断課題における頻度効果に及ぼす表記文字の影響を検討した。頻度の表層的側面とは，形態としての単語の視覚的経験の多寡であり，深層的側面とは形態に左右されない意味や音韻などの経験の多寡であった。そして，本実験では，外来語の表記文字と頻度を操作することにより，頻度の深層的側面と表層的側面の両方を反映すると考えられるカタカナ表記の外来語における頻度効果と，深層的側面の頻度を反映すると考えられるひらがな表記の外来語における頻度効果について検討した。

　得られた結果から，カタカナで表記した外来語およびひらがなで表記した外来語いずれにおいても頻度効果が認められた。さらに，頻度と表記の両要因の交互作用が認められ，カタカナ表記の外来語については頻度効果が大きく（56.7ミリ秒），ひらがな表記の外来語についての頻度効果は小さい（32.2ミリ秒）ことが明らかになった。すなわち，過去に蓄積した視覚的経験と異なる表記形態で認知する場合でも頻度効果が生じること，すなわち頻度の深層的側面が頻度効果に関与していることが示された。しかし，その効果は同じ表記形態で認知する場合，すなわち表層的側面と深層的側面の両方が関与する場合より小さいことが示された。

　カタカナで表記した外来語だけでなく，ひらがなで表記した外来語にも頻度効果が認められたという点については，次のように考えることができる。本実験で用いられた外来語はカタカナ表記されるのが一般的である。したがって，本実験において得られたカタカナで表記した外来語における頻度効果は，頻度を要因とした従来の諸実験と同じく頑健な頻度効果を示しているといえる。一方，ひらがなで表記した外来語は，低頻度語（たとえば，"ろでお"）であろうと高頻度語（たとえば，"てにす"）であろうと見かけ上の頻度すなわち表層的側面からみた頻度はほぼ同程度に低い。しかし，このような表層的側面からみた頻度の低い刺激語であっても，それが高い刺激語ほどではないが頻度効果は認められているのである。これらの結果は，必ずしも綴りをよく見かけるか否かという頻度の表層的側面によって頻度効果が生じているのではないこと

を示している。ひらがなで表記した外来語において頻度効果が認められたという事実は，単語の意味や発音などの深層的側面をどの程度経験したかという意味での頻度が効果をもつことを示していると考えられる。つまり，これらの結果は，同一の綴りだけではなく異なる綴りやモダリティを経験することによっても累積される深層的側面が頻度効果に関与していることを示唆するものである。

　また，頻度と表記文字の両要因の交互作用が認められ，カタカナで表記した外来語の頻度効果はひらがな表記した外来語の頻度効果より大きかった。すなわち，ある単語をある特定の表記文字で繰り返し経験してきた場合，その単語をこれまで経験したものと同じ表記文字で読んだ場合も，異なる状態で読んだ場合も頻度効果は現われるが，前者の頻度効果の方が大きいということである。

　頻度の深層的側面のみで頻度効果を説明できるのであれば，カタカナで表記した外来語とひらがなで表記した外来語の間にみられる頻度効果の差は生じなかったであろう。また，表層的側面でのみ説明できるのであれば，ひらがなで表記した外来語に頻度効果は認められなかったであろう。したがって本実験の結果は，頻度効果を単一の効果と仮定することによっては説明できず，頻度の深層的側面と表層的側面という2側面から頻度効果を説明する必要性を示していると考えられる。

　さらに，同音偽単語効果の原因が，同音偽単語ともとになる単語との間の綴りの類似性によるものではないかという疑義については，本実験では否定された。なぜなら，すでに述べたように本実験におけるひらがな表記した外来語は，本来カタカナで表記されている単語から作成されたものである。したがって，同音偽単語であるという見方もできる。さらに，両刺激間での綴りの類似性は高くない。たとえば，"テニス"と"てにす"では文字数以外類似している点はないといってよいであろう。それにもかかわらず，ひらがなで表記した外来語に頻度効果が認められたのであるから，同音偽単語が元の単語と綴りが似ているために同音偽単語効果が生じているとはいえないのである。

## 第3節 命名課題に及ぼす頻度の表層的側面と深層的側面の検討：刺激として単語のみを用い，条件間でランダム提示した場合（研究9）

◆ 問題 ◆

　研究8の結果は，これまで頻度効果の所在が1つであるとする多くの単語認知モデルによる説明に疑問を投げかけるものである。このような結果の一般性を検討するために，研究9では命名課題を用いる。すでに述べたように，頻度効果は語彙判断課題では大きいが，命名課題では小さいという結果が数多く報告されている。研究8で明らかとなった，単語の表層的側面と深層的側面の頻度効果への関与は，語彙判断課題と命名課題では異なっている可能性があると考えられる。また，英語圏における同音偽単語効果を検討した研究では，ほとんどが命名課題を用いている。なぜなら，語彙判断課題ではレキシカル・アクセスが必ず必要となるが，命名課題ではそうではない。その場合でも，同音偽単語で頻度効果が生じるのか否かが議論の的であったためである。したがって，ここでも命名課題を中心にさらに頻度の表層的側面と深層的側面の存在を検討することにする。そこで本研究では，前実験で用いた刺激リストから非単語を除いた刺激に対する命名反応を被験者に求めた。

◆ 方法 ◆

**被験者**

　大学生36名（男子11名，女子25名）が本実験に参加した。被験者の年齢範囲は19歳5ヶ月から22歳1ヶ月，平均は20歳9ヶ月で，いずれも正常な視力あるいは矯正視力を有する者であった。

**装置および刺激**

　反応ボックスにマイクロフォンを接続した以外は研究8と同じ装置が用いられた。刺激リストについても，研究8で用いられた各刺激リストから非単語を除いたという点以外の変更は行なっていない。

**手続き**

　被験者に，ディスプレイ上に提示される単語をできるだけ速く正確に読み上げるよう求めた以外は，研究8と同じであった。

◆ 結果 ◆

　全被験者の正反応を分析の対象とした。被験者ごとの平均反応時間と標準偏差を算出した結果を表6-3に示した。誤反応率は，各条件とも2％以下であったため分析からは除外した。平均反応時間に関して，頻度および表記の2要因分散分析（いずれも被験者内要因）を行なったところ，頻度の主効果（$F(1,35) = 53.28, p<.01$）および表記（$F(1,35) = 14.35, p<.01$）の主効果が有意であった。なお，両主効果の交互作用は有意ではなかった（$F(1,35) = 0.09, ns$）。

◆表6-3　各条件における平均反応時間（ミリ秒）（研究9）

|  | ひらがな | カタカナ |
|---|---|---|
| 低頻度 | 548.5（95.8） | 527.5（87.0） |
| 高頻度 | 517.2（88.3） | 497.8（79.4） |

＊カッコ内は標準偏差

◆ 考察 ◆

　本実験では，研究8に引き続き，これまで一括りに取り扱われてきた頻度効果の深層的側面と表層的側面の存在を明らかにするために，命名課題における頻度効果に及ぼす表記文字の影響を検討した。本実験の結果より，研究8の語彙判断課題と同様，カタカナ表記の外来語，ひらがな表記の外来語ではともに頻度効果が認められた。しかし，研究8とは異なり，頻度と表記の両要因の交互作用は認められず，カタカナで表記した外来語における頻度効果（29.7ミリ秒）とひらがなで表記した外来語における頻度効果（31.3ミリ秒）は同程度であることが明らかとなった。

　命名課題を用いた本実験の結果は，語彙判断課題を用いた研究8の結果と単語の深層側面が頻度効果に関与したという点については同じであった。しかし，頻度に関しては表層的側面と深層的側面をもつカタカナで表記した外来語と，深層的側面のみをもつひらがなで表記した外来語では，同等の頻度効果が認められた。すなわち，研究8と同様，頻度効果を考える上で単語の深層的側面が重要な役割を果たしていることを示唆した結果であるといえる。ただ，どちらの条件の頻度効果も同程度であったことから，命名課題の頻度効果には頻度の表層的側面は影響せず，単語の深層的側面だけが影響することを示唆していると考えられる。また，英語圏における同音偽単語効果の研究への示唆とい

う点においては，研究8と同様にここでも綴りの類似性による説明が否定されたといえる。

　ただ，カタカナで表記した外来語でもひらがなで表記した外来語でも同程度の頻度効果が認められたという結果は，刺激リスト中にひらがな表記の外来語という見なれない文字列からなる単語が混在していたため，特殊な処理方略をとらざるをえなかったために生じたと考えることもできる。たとえば，二重ルートモデルによれば，高頻度語は視覚的ルートによって，低頻度語は音韻ルートによって処理されるため，頻度効果が生じるとされている。研究9の命名課題で用いられた刺激は，半数がカタカナで表記した外来語であり，残りの半数はひらがなで表記した外来語であった。さらに，それぞれの表記条件で高頻度語と低頻度語が半数ずつ配置されている。すなわち，二重ルートモデルによる頻度効果の説明に従えば，視覚的ルートを適用すると想定される単語は，カタカナで表記した高頻度の外来語のみであり，それらはリスト全体の25％にすぎない。したがって，音韻ルートにウエイトをかけた方略をとる方が被験者にとって有効であると考えられるのである。そして，そのような方略を被験者が用いた結果として，表層的側面が頻度効果に関与しなかった可能性も否定できない。

## 第4節　命名課題に及ぼす頻度の表層的側面と深層的側面の検討：刺激として単語のみを用い，条件間でブロック化されたリスト構成の場合（研究10）

### ◆問題◆

　研究10では，研究9で用いた刺激をカタカナで表記した外来語とひらがなで表記した外来語に二分し，表記に関して独立した刺激リストを作成し，それらについての命名反応を被験者に求めた。リスト構成を変えることにより，特にカタカナで表記した外来語のリストでは，より現実に近いリーディング事態を反映した課題となるであろう。もし，研究9において両表記語が同程度の頻度効果を示した原因が，前述のようにリスト構成にもとづく被験者の特殊な処理方略にあるのであれば，本実験におけるリスト構成の変更が両表記語の頻度効果の出方に変化をもたらすであろう。しかし，単語の表層的側面が命名課題

における頻度効果に関与していないのであれば，研究9のようなひらがなで表記した外来語とカタカナで表記した外来語が混在した刺激リストであっても，本実験のようなひらがなで表記した外来語とカタカナで表記した外来語が独立した刺激リストであっても，頻度と表記の交互作用はみられないであろう。

## ◆ 方法 ◆

### 被験者

大学生24名（男子10名，女子14名が本実験に参加した。被験者の年齢範囲は20歳11ヶ月から22歳5ヶ月，平均は21歳9ヶ月で，いずれも正常な視力あるいは矯正視力を有する者であった。

### 装置および刺激

刺激の提示と反応の測定には，研究9と同じ装置が用いられた。また，刺激についても研究9と同じものが用いられた。

### 手続き

研究9と同様の手続きが用いられた。ただし，刺激の提示順序は頻度に関してのみランダムにされ，被験者はリストAをカタカナ表記しリストBをひらがな表記した刺激リストに反応する群と表記を反転させた刺激リストに反応する群にランダムに割り振られた。また，ひらがな表記語から反応をはじめる被験者とカタカナ表記語から反応をはじめる被験者とをカウンターバランスした。そのため，刺激提示の提示順序に関しては，頻度についてのみランダムであった。

## ◆ 結果 ◆

全被験者の正反応を分析の対象とした。各被験者の平均反応時間を算出した結果を表6-4に示した。誤反応率は，各条件とも2％以下であったため，以下の分析からは除外した。平均反応時間に関して，頻度および表記の2要因分散分析（いずれも被験者内要因）を行なったところ，頻度の主効果および表記の主効果が有意であった（$F(1,23) = 15.57, p<.01; F(1,23) = 40.14, p<.01$）。なお，両主効果の交互作用は有意ではなかった（$F(1,23) = 0.01, ns$）。

◆表6－4　各条件における平均反応時間（ミリ秒）（研究10）

|  | ひらがな | カタカナ |
|---|---|---|
| 低頻度 | 569.9 | 534.5 |
| 高頻度 | 538.8 | 502.5 |

◆ 考察 ◆

　命名課題における刺激語の提示を頻度と表記文字に関してランダムにした研究9の結果と，頻度についてのみランダムにした本実験の結果とは同様であった。すなわち，研究9の結果と同様，カタカナで表記した外来語とひらがなで表記した外来語においてともに頻度効果が認められた。また，頻度と表記の両要因の交互作用は認められず，カタカナで表記した外来語における頻度効果とひらがなで表記した外来語における頻度効果には差がないという点に関しても研究9と同様の結果となった。

　研究9と本実験の結果より，ひらがなで表記した外来語とカタカナで表記した外来語が混在した刺激語リストであっても，それらを個別に配した刺激語リストであっても，命名課題において認められる頻度効果は同じであることが明らかとなった。したがって，研究9で得られた結果は，刺激語リスト構成に合わせて被験者が用いた特殊な方略あるいは処理ルートを反映したものではなく，命名課題特有の頻度効果の現われであることが示された。これらの結果からは，命名課題の場合は語彙判断課題とは異なり，頻度の深層的側面のみが頻度効果に影響するといえる。この点に関しては次節で議論する。

　一方，視点を頻度ではなく表記に移して研究9および本実験の結果をみてみると，低頻度語でも高頻度語でも同程度の表記の効果が認められている。表記の要因は，単語の表層的側面の要因とも呼ぶことができるが，高頻度語のカタカナ表記（たとえば，テニス）と高頻度語のひらがな表記（たとえば，てにす）の場合の表層的側面からみた頻度の差は，低頻度語のカタカナ表記（たとえば，ロデオ）と低頻度語のひらがな表記（たとえば，ろでお）の場合の表層的側面から見た頻度の差に比べて，かなり大きいはずである。すなわち，"テニス"を視覚的に経験する頻度と"てにす"を視覚的に経験する頻度の差は，"ロデオ"を視覚的に経験する頻度と"ろでお"を視覚的に経験する頻度の差より大きいはずである。しかし，このことは命名課題の結果には反映されていない。この

点に関しても次節で議論する。

## 第5節 総合的考察

　研究8,研究9および研究10においては,これまで一括りに取り扱われてきた単語の出現頻度を深層的側面と表層的側面という2側面から捉え,それぞれの側面が頻度効果に果たす役割を語彙判断課題と命名課題を用いて検討した。表層的側面が頻度効果に及ぼす影響とは,これまで視覚的に経験してきたある単語と表記上同一であるために生じる頻度効果であり,深層的側面が頻度効果に及ぼす影響とは,意味や音韻および統語といった単語が内包する情報が同一であるために生じる頻度効果である。これら2側面の頻度効果への影響の有無あるいは程度を明らかにすることが本章の目的であった。また同時に,同音偽単語効果の原因に関する議論を検討することも,本章の目的の1つであった。具体的には,日本語における外来語の表記文字と頻度を操作することにより,上記の問題について検討した。

　研究8の結果より,語彙判断課題においては,カタカナで表記した外来語,ひらがなで表記した外来語ともに頻度効果が認められた。さらに,頻度と表記の両要因が交互作用し,カタカナ表記の外来語においては頻度効果が大きく（56.7ミリ秒）,ひらがな表記の外来語においては頻度効果が小さい（32.2ミリ秒）ことが明らかとなった。一方,研究9の命名課題においても,カタカナ表記の外来語,ひらがな表記の外来語ではともに頻度効果が認められた。しかし,頻度と表記の両要因の交互作用は認められず,カタカナ表記の外来語における頻度効果（29.7ミリ秒）とひらがな表記の外来語における頻度効果（31.3ミリ秒）には差のないことが明らかとなった。さらに,表記について刺激語をブロック化した研究10においても研究9と同様の結果が得られた。そして,このような3つの実験結果を総括することによって次のように考察できる。

### （1）頻度の深層的側面が頻度効果に及ぼす影響について

　語彙判断課題と命名課題の両課題において,カタカナで表記した外来語だけでなく,ひらがなで表記した外来語にも頻度効果が認められた。これらの実験

で用いられた外来語はカタカナ表記されるのが一般的である。したがって，本章の一連の実験において得られたカタカナ表記の外来語における頻度効果は，これまでの頻度を要因とした諸研究の結果を再確認したものといえる。

一方，ひらがな表記した外来語は，低頻度語（たとえば，"ろでお"）であろうと高頻度語（たとえば，"てにす"）であろうとひらがなで表記することは稀であるため，それらの視覚的経験はきわめて少ないと考えられる。しかし，その単語がカタカナで表記された場合，視覚的に経験する頻度は高頻度語の方が高い。したがって，低頻度語と高頻度語をひらがなで表記した場合の両者の違いは，単語の意味や音韻および統語といった情報を経験する頻度の違いということになる。つまり，ひらがな表記の外来語に頻度効果が認められるとすれば，それは深層的側面からの影響を受けた結果であると考えられる。実際このような頻度の表層的側面からの影響が極小の刺激語であっても，語彙判断課題と命名課題の両方において十分な頻度効果が認められたのである。この結果は，頻度の表層的側面のみによって頻度効果が生じているのではなく，深層的側面も深く関与していることを示している。

## （2）頻度の表層的側面が頻度効果に及ぼす影響について

ところで，頻度効果に及ぼす頻度の2側面の相対的な寄与の程度については，明確な結果は得られていない。研究8の語彙判断課題においては，頻度と表記文字の両要因間に交互作用がみられ，カタカナで表記した外来語の頻度効果はひらがなで表記した外来語の頻度効果より大きかった。すなわち，頻度の表層的側面からの影響と深層的側面からの影響の両方を受けた頻度効果は，頻度の深層的側面からの影響のみを受けた頻度効果より大きかったのである。もし，頻度の深層的側面からの影響のみでこれまでの頻度効果を説明できるのであれば，いずれの場合の頻度効果も同等のものとなると考えられる。したがって，頻度の深層的側面からの影響だけでは十分に語彙判断課題における頻度効果を説明できず，深層的側面からの影響と表層的側面からの影響によって頻度効果を説明する必要性をこの語彙判断課題の結果は示していると考えられる。

しかし，命名課題の結果は異なっており，研究9および研究10の命名課題においては，カタカナ表記の外来語における頻度効果とともに，ひらがな表記

の外来語における頻度効果が認められ，また表記文字の効果も認められた。しかし，頻度と表記文字の交互作用は認められず，ひらがなで表記した場合もカタカナで表記した場合も同程度の頻度効果が認められたのである。すなわち，表記の効果と頻度効果は加算的であった。さらに，研究10の結果より，カタカナ表記した外来語の命名に際してひらがな表記した外来語が混入したリストを用いたことにより，被験者が通常とは異なる方略を用いたのではないかという疑義は否定された。したがって，頻度効果は頻度の深層的側面からは常に一定の影響を受けるが，表層的側面の関与の仕方は課題によって異なるということができる。次のセクションで述べるように，このような考え方を用いることによって，命名課題と語彙判断課題とで頻度効果の現われ方に違いがあるという従来からの報告もうまく説明することができると思われる。

### (3) 語彙判断課題と命名課題

　すでに述べたように，頻度の2側面が頻度効果に及ぼす影響は，語彙判断課題と命名課題とで異なっていたのである。これまでも，語彙判断課題と命名課題において頻度効果の大きさの異なることがたびたび議論されてきた。その議論の中で，語彙判断課題における頻度効果はアクセス後の判断プロセスを反映しているのではないかという指摘や，親近性の方が頻度効果より反応時間の予測に有効であるといった指摘がなされている。これらの議論に対して，本章の一連の実験は1つの答えを提供することができたと思われる。すなわち，頻度効果の両課題における量的な違いは，頻度の表層的側面からの影響と深層的側面からの影響の関与の仕方が課題によって異なるという点からの説明が可能である。命名課題の頻度効果の量的な少なさは，頻度の深層的側面からの影響のみが反応時間に影響したために生じ，反対に語彙判断課題の頻度効果の大きさは，頻度の表層的側面からの影響と深層的側面からの影響を受けるために生じたものであると説明できるであろう。そして，両影響は交互作用せず加算的に作用したため，語彙判断課題において頻度効果が大きくなったのではないかと考えられる。

　その原因として，表層的側面はアクセス後の判断プロセスに敏感であるという説明ができる。すなわち，表層的側面での頻度が高ければ単語であるという

判断にバイアスがかかり，低ければ非単語であるという判断へバイアスがかかる。したがって，そのバイアスを受ける語彙判断課題では，カタカナ表記の外来語の場合，深層的側面だけでなく表層的側面も高頻度語と低頻度語で差があるため，頻度効果は大きくなるが，表層的側面が一様に低いひらがな表記の外来語では頻度効果が小さくなるのである。

また，親近性の方が頻度より反応時間の予測に有効であるのかという点は，頻度の深層的側面からの影響として説明することが可能である。本章における頻度の深層的側面からの影響とは，視覚的経験による表記に関わらない部分からの影響を指していたが，視覚的単語認知に及ぼす聴覚的経験による影響，すなわちクロスモダルな影響も頻度の深層的側面からの影響と捉えることができるかもしれない。これまで，頻度効果は視覚的経験としての頻度が視覚的認知課題に及ぼす影響として研究されてきたが，深層的側面からの影響が存在するのであれば，視覚的に経験した頻度の影響だけに限定するのではなく，聴覚的に経験した頻度の影響も受けることが考えられる。そして，親近性の評定とはまさにそれら両者の影響を反映したものである。結果として，本章で示した実験結果からみれば，視覚的経験のみにもとづいた頻度よりも親近性の方が反応時間に対して予測力をもつということになるのではないだろうか。

### （4）単語認知モデルとの関連

もし，頻度の表層的側面と深層的側面が表裏一体となって頻度効果に影響しているのであれば，頻度効果の生起メカニズムを単一のものであると仮定することができる。しかし，頻度の深層的影響のみからも頻度効果が生じるという本章の実験結果は，頻度効果の所在が1つであるとする，これまでの多くの単語認知モデルによる説明に疑問を投げかけるものである。

このような頻度効果の側面がこれまで問題にならなかった理由は，欧米の言語圏において表記の多様性が存在しないからであろうと考えられる。そこでは，「よく見かける綴りからなる単語」は「よくアクセスされる単語」であるため，頻度の表層的側面と深層的側面は結果的には同じことを意味したのではないだろうか。

## (5) 英語圏の同音偽単語実験

　本研究と同様の手法を用いて英語で頻度の深層的影響を示した研究もある。そこでは，表記の親近性の低い単語のかわりに，実在する単語と同じ発音になる文字列（たとえば，BRAIN と同じ発音になる BRANE）からなる同音偽単語が用いられた。しかしながら，英語の正書法によると，発音が同じであっても綴りが異なれば，その文字列を単語とは呼ばない。したがって，"テニス"と"てにす"をいずれも単語と呼ぶ日本語の場合，表記の親近性の低い単語と同音偽単語をまったく同じものとみなすことはできない。すなわち，通常とは異なる綴りであるが発音すると実在する単語であるという点では共通しているが，同音偽単語は非単語とみなされ，表記の親近性の低い単語は単語とみなされるという点が異なる。

　この同音偽単語を用いて頻度効果を示した研究として Grainger et al. (2000) があるが，そこでは，同音偽単語の源語頻度効果が認められている。ただし，この効果は刺激語のリストが同音偽単語のみからなる場合に限定されており，非単語が混入されている混合リストを用いた研究では非単語に比べて同音偽単語に対する反応が速くなるという同音偽単語効果は認められるものの，源語頻度効果は認められない（McCann & Besner, 1987; Seidenberg et al., 1996）ことが明らかになっている。同音偽単語にみられるベース語の頻度効果に関するこれら一連の研究結果は，頻度が必ずしも表記文字と結びついているわけではないこと，すなわちコネクショニスト・モデルのような綴りのパターンと発音との連合強度のみでは説明できないことを示唆するものである。これらの研究と同じく，本研究の結果においても，表記文字と発音との連合だけに頻度効果の所在を求めることはできない。

第Ⅱ部 ▶▶ 単語の視覚的認知における頻度効果に関する検討

# 第7章
# 命名課題に及ぼす頻度の2側面の検討

## 第1節 外来語単語と非単語を含む刺激リストを用いた命名課題

　前章において，研究8の語彙判断課題では，カタカナ表記の外来語とひらがな表記の外来語のいずれの反応時間にも頻度効果が認められ，さらに前者の頻度効果は後者のそれより大きかった。すなわち，頻度の深層的側面のみをもつひらがな表記の外来語よりも，頻度の表層的側面と深層的側面の両側面をもつカタカナ表記の外来語の方がより大きな頻度効果を示した。このことから語彙判断課題においては，頻度効果に頻度の2側面がともに関与している可能性が示唆された。一方，命名課題を用いた研究9および研究10では，両表記語の頻度効果が等しく，頻度の深層的側面のみが頻度効果に関与していることが示唆された。そして，語彙判断課題と命名課題における頻度効果に及ぼす頻度の表層的側面と深層的側面の影響の仕方が異なり，そのことが従来からみいだされてきたように両課題間で頻度効果の大きさが異なるという現象の原因になっているのではないかと前章では議論した。

　ここで頻度の2側面の頻度効果への影響が両課題間で異なる原因を検討する必要があろう。その原因の1つとして考えられるのが，語彙判断課題と命名課題におけるリスト構成の違いが頻度効果の差を生じさせているという可能性である。前章において命名課題を課した2つの実験で用いられた刺激リストには非単語が含まれていないが，語彙判断課題の刺激リストには課題の性質上，非単語が含まれている。すなわち，刺激リスト中の非単語の有無が頻度の2側面に対して異なる影響を及ぼしたために，両課題における頻度の2側面の影響が異なった可能性があると思われる。実際，英語のようなアルファベットを用いた言語における命名課題での頻度効果の大きさは，刺激リスト中の非単語の有

無に影響を受けることが示されているからである。

　たとえば，Marmurek & Kwantes（1996）では，同音偽単語と非単語が刺激リストに混在している場合，同音偽単語効果は認められるが同音偽単語の頻度効果は認められない。しかし，同音偽単語のみからなる刺激リストを用いた場合や単語と同音偽単語が混在している刺激リストを用いた場合，同音偽単語の頻度効果が認められることを報告している。また，McCann & Besner（1987）も非単語が混在している刺激リストにおいては同音偽単語の頻度効果をみいだしてはいない。さらに，日本語のかな表記語と同様にスペルと音との対応が一対一対応になっている浅い綴りでは，刺激リストに非単語が混在している場合に同音偽単語だけではなく単語の頻度効果も消失することが報告されている（たとえば，ドイツ語ではHudson & Bergman（1985），トルコ語ではRaman et al.（1996），イタリア語ではTabossi & Laghi（1992），ペルシャ語ではBaluch & Besner（1991））。同音偽単語と本書におけるひらがなで表記した外来語とは，それらを単語とみなすか非単語とみなすかという点において大きく異なる。しかし，同音偽単語を用いた上記の諸研究からみると，命名リストが単語のみからなるような研究9および研究10では，頻度効果が過大評価されている可能性がある。

　さらに，命名課題の刺激リストに対する非単語混入による頻度効果への影響に関して，Besner（1999）はその原因として被験者が刺激リストの性質によって拠り所とする処理ルートを別のルートにシフトしたために生じたものであると議論している。すなわち，語彙ルートでは単語は読めるが非単語は読めないので，非単語が刺激リストに混在している場合には，単語と非単語を処理することのできる組み立てルートに依存するとしている。そして，その結果として同音偽単語の頻度効果は消失するとしている。また，Grainger et al.（2000）は，非単語が混入したリストの場合には，刺激について詳細な情報を蓄積した後に反応するように，命名反応を開始する基準に変化が生じるとしている。これらの2つの考え方は細部では異なるものの，非単語混入によって処理方略に変化が生じる可能性に言及したものである。もしそうであるならば，語彙判断課題と命名課題におけるカタカナ表記の外来語とひらがな表記の外来語との頻度効果の差は，刺激リストの構成による処理方略の差によるものとなろう。

第Ⅱ部 ▶▶ 単語の視覚的認知における頻度効果に関する検討

　そこで，本章では，研究9および研究10の刺激リストに，外来語だけではなく非単語や日本語単語のような性質の異なる刺激を新たに加え被験者に命名反応を求めた。これらの操作によって，前章で得られたひらがな表記の外来語における頻度効果に変化が生じるか否かを検討する。また，頻度の深層的側面のみを反映していると考えられるひらがな表記の外来語と，頻度の両側面を反映していると考えられるカタカナ表記の外来語について，性質が異なる刺激を混入した条件下で頻度効果を比較する。それによって，命名課題における両表記語の頻度効果の本質が明らかになると考えられる。

## 第2節　単語類似性の低い非単語を混入させた刺激リストを用いた命名課題（研究11）

◆ 方法 ◆

**被験者**

　大学生24名（男子14名，女子10名）が本実験に参加した。被験者の年齢範囲は20歳3ヶ月から22歳8ヶ月，平均は21歳5ヶ月で，いずれも正常な視力あるいは矯正視力を有する者であった。

**装置および刺激**

　刺激の提示と反応の測定には，Apple社製パーソナルコンピュータPowerMac7300/166，15インチカラーディスプレイとCedrus社製の反応ボックス，およびCedrus社製心理学実験用ソフトウェアSuperLabが用いられた。

　刺激語には，天野・近藤（2000）より高頻度語として単語頻度（log10[n]）が3.7以上の外来語を72語，低頻度語として単語頻度（log10[n]）が1以上2以下の外来語を72語選出した。各頻度語とも3文字と4文字の単語が半数ずつ含まれていた。これらの刺激語を文字数と頻度の平均がリスト内で等しくなるよう，高頻度語，低頻度語とも4リストを作成した。ここから，高頻度語，低頻度語それぞれ2リストをランダムに抽出し，一方のリストをひらがなで表記しもう一方をカタカナで表記した単語リストと，その逆になる単語リストを作成した。また，非単語として林（1976）の「ノンセンスシラブル新規準表」を参考に単語との類似度の低い72の文字列を作成した。非単語についても一方のリストをひらがなで表記しもう一方をカタカナで表記したリストと，その

逆になるリストを作成した。したがって，刺激リストは，高頻度外来語をカタカナで表記したもの18語，高頻度外来語をひらがなで表記したもの18語，低頻度外来語をカタカナで表記したもの18語，低頻度外来語をひらがなで表記したもの18語，非単語をカタカナで表記したもの36語，非単語をひらがなで表記したもの36語から構成される。また，同じ刺激が表記を変えて同一の刺激リストに出現することはなかった。本実験の刺激の例は，表7－1に示したとおりである。

◆表7－1　刺激語の例（研究11）

|  | 単語 | | 非単語 |
|---|---|---|---|
|  | 高頻度 | 低頻度 |  |
| カタカナ | デザイン | ペガサス | テエポセ |
| ひらがな | すたいる | えなめる | おむぬは |

**手続き**

本実験は被験者ペースで行なわれた。各被験者はコンピュータと接続されたディスプレイから50センチメートル離れて着座し，そこに提示される文字列を単語であるか否かにかかわらず，マイクに向かってできるだけ速く正確に読み上げるよう求められた。各試行は被験者ペースで行なわれた。ディスプレイ上に白色画面が提示された，被験者がスペースキーを押すことによって各試行が開始される。その後，注視点が500ミリ秒提示され，最後にターゲット刺激が提示された。被験者が命名反応を開始すると再び白色画面が表示される。なお，ターゲット刺激の提示時間は最大2秒であり，その間無反応の場合は再び白色画面が表示され次試行が開始された。ターゲット刺激となる文字列の提示順序は，表記文字，頻度および単語／非単語に関して被験者ごとにランダムにされた。ターゲットとなる文字列が提示されてから被験者の命名反応が開始されるまでの時間を測定し命名反応時間とした。なお，本実験の前には，被験者が手続きに習熟するよう8試行からなる練習試行を行なった。また，本実験の実施に際して，被験者は自由にインターバルを取ることが許された。実験に要した時間は教示を行なう時間を含め被験者1人あたり約20分であった。

刺激語は50センチメートル離れたコンピュータ・ディスプレイ上に，1字あたりの大きさ1センチメートル×1センチメートル，視角にして1.04度×

1.04度のゴシック体で提示された。各刺激語は横書きで提示されたので、単語あたりの視角は文字間のスペースも含めて1.04度×3.52度（3文字）から1.04度×4.76度（4文字）であった。

◆ 結果 ◆

全被験者の単語に対する反応を分析の対象とした。各被験者の平均反応時間および標準偏差を算出した結果を表7－2に示した。単語に対する誤反応は全体の1％以下であったので、以下では反応時間についてのみ分析する。平均反応時間に関して、頻度×表記の2要因分散分析（いずれも被験者内要因）を行なったところ、頻度の主効果および表記の主効果が有意であった（$F(1,23) = 41.16, p<.01; F(1,23) = 21.92, p<.01$）。また、両主効果の交互作用も有意であった（$F(1,23) = 6.48, p<.05$）。単純主効果の検定の結果、カタカナ表記においてもひらがな表記においても有意な頻度効果が認められた（それぞれ、$F(1,23) = 34.18, p<.01; F(1,23) = 9.32, p<.01$）が、交互作用が有意であることからカタカナ表記の方がひらがな表記よりも頻度効果が大きいといえる。

◆表7－2 各条件における平均反応時間（ミリ秒）と標準偏差（研究11）

|  | 高頻度 | | 低頻度 | |
| --- | --- | --- | --- | --- |
|  | 平均 | 標準偏差 | 平均 | 標準偏差 |
| カタカナ | 528.7 | 81.4 | 568.6 | 96.3 |
| ひらがな | 561.3 | 83.2 | 578.6 | 83.2 |

◆ 考察 ◆

本実験では、非単語の混入していない刺激リストへの命名課題において、ひらがな表記の外来語でみられた頻度効果とカタカナ表記の外来語でみられた頻度効果が同程度であるという前章での結果を受け、刺激リストへの非単語の混入という操作を加えて、頻度の2側面が命名課題における頻度効果に及ぼす影響を再検討した。その結果、ひらがな表記の外来語とカタカナ表記の外来語とで頻度効果の大きさが異なっていることが明らかとなった。すなわち、前章の命名課題の結果とは異なり、表記の深層的側面が反映されるひらがな表記の外来語における頻度効果は、両側面が反映されるカタカナ表記の外来語における

頻度効果に比べて小さくなったのである。

英語圏における同音偽単語を用いた研究では，非単語が混在した刺激リストを用いた命名課題において頻度効果が消失する場合があり，その原因を処理方略の変化で説明できることはすでに述べた。本研究のひらがな表記の外来語も同音偽単語とみなせば，その頻度効果が低下したという本研究の結果もこれら一連の研究と同様に処理方略の変化によって説明できるであろう。すなわち，研究9および研究10のような外来語以外の単語が含まれない命名課題の刺激リストでは，被験者は提示される文字列が実在する単語であり，かつ外来語であるという構えにもとづいて反応を行なう。それによって，刺激語の最小限の情報からその単語を命名するというトップダウン型の処理に重点をおいた処理方略が用いられる。ひらがな表記の外来語の場合は文字の断片と結びつく音韻情報の断片情報が用いられるであろう。カタカナ表記の外来語では文字の断片やそれらと結びつく音韻情報が用いられるであろう。そのため，これらの頻度効果に頻度の深層的側面が中心的に作用しいずれの表記の外来語にも同等の頻度効果を生み出した。しかし，本研究のような単語との類似度が低い非単語を混入した刺激リストに直面した被験者は，そのような構えをもてず，刺激語からの十分な情報にもとづいてボトムアップ的に単語を命名せざるをえなかった。そのため，ひらがな表記の外来語では頻度効果の差が小さくなった。一方，カタカナ表記の外来語では頻度の表層側面のためにつねにトップダウン型の処理が行なわれ頻度効果が大きいまま維持されたと考えられる。すなわち，頻度の2側面である表層的側面と深層的側面は補完的に働き，トップダウン型の処理を求められる課題では深層的側面が頻度効果に重要な役割を演じ，ボトムアップ型の処理を求められる課題では表層的側面が重要な役割を演じる可能性が示唆された。

この解釈を補強するためには，ひらがな表記の外来語への影響をさらに増大させるような非単語を導入する必要がある。そこで，研究12では，よりトップダウン型の処理を抑制するような単語との類似度の高い非単語を刺激リストに加え，両表記の外来語における頻度効果を検討する。

## 第3節 単語類似性の高い非単語を混入させた刺激リストを用いた命名課題（研究12）

◆ 問題 ◆

本研究では単語との類似度が高い非単語をカタカナ表記とひらがな表記で表わした文字列を非単語として用いた。単語と綴りの類似性が高い非単語の存在によって，トップダウン型の処理への比重がさらに低下すると考えられる。研究11の解釈が正しければ，ひらがな表記の外来語における頻度効果はさらに低下するが，カタカナ表記の外来語の頻度効果は影響されないであろう。

◆ 方法 ◆

**被験者**

大学生24名（男子12名，女子12名）が本実験に参加した。被験者の年齢範囲は20歳5ヶ月から22歳1ヶ月，平均は21歳2ヶ月で，いずれも正常な視力あるいは矯正視力を有する者であった。

**装置および刺激**

装置は研究11と同一のものが用いられた。また，刺激語については研究11で用意した高頻度語および低頻度語それぞれ4つの単語リストのうちから，各2リストを単語として，残り2リストを非単語作成用のもとになる単語として用いた。非単語リストについては，単語用リストの3文字単語の場合は後ろ2文字を入れ替え（たとえば，"ナイフ"から"ナフイ"を作成），4文字単語の単語の場合は中央2文字を入れ替える（たとえば，"デザイン"から"デイザン"）ことによって，単語との類似度の高い非単語を作成した。単語，非単語ともに一方のリストをカタカナで，もう一方をひらがなで表記した。いずれのリストの単語が，単語リストに用いられるか非単語リストに用いられるか，どちらの表記条件に用いられるかは被験者ごとにランダムにされた。その他の点については，研究11と同一であった。

**手続き**

研究11と同一の手続きが用いられた。

◆結果◆

全被験者の正反応を結果の整理の対象とした。被験者ごとの平均反応時間および標準偏差を算出した結果を表7-3に示した。

◆表7-3 本実験の各条件における平均反応時間（ミリ秒）と標準偏差（研究12）

|  | 高頻度 | | 低頻度 | |
|---|---|---|---|---|
|  | 平均 | 標準偏差 | 平均 | 標準偏差 |
| カタカナ | 579.0 | 107.1 | 612.8 | 116.6 |
| ひらがな | 611.3 | 128.0 | 621.6 | 116.9 |

平均反応時間に関して，頻度（高・低）と表記（カタカナ・ひらがな）の2要因分散分析（いずれも被験者内要因）を行なったところ，頻度の主効果と表記の主効果がそれぞれ有意であった（$F(1,23) = 8.02, p<.01; F(1,23) = 16.21, p<.01$）。これら両要因間の交互作用も有意であった（$F(1,23) = 7.21, p<.05$）。単純主効果の検定の結果，カタカナ表記では頻度効果が有意である（$F(1,23) = 21.56, p<.01$）が，ひらがな表記では頻度効果が有意ではなかった（$F(1,23) = 0.98, ns$）。

◆考察◆

研究11では，非単語を刺激リストに加えることによってひらがな表記の外来語の命名課題における頻度効果が減少した。本研究では，非単語として単語との類似性が高い文字列を用いることによって，ひらがな表記の外来語には頻度効果が消滅した。したがって，研究11の考察で述べたように，トップダウン型の処理を抑制しボトムアップ型処理に比重をおかせる刺激リストを用いることにより，頻度の深層的側面は影響されることが本研究でさらに確認された。一方，カタカナ表記の外来語の頻度効果には変化がみられなかったことから，リスト構成の変更によって深層的側面の影響が減少した分，表層的側面の影響が増大したものと考えられる。

## 第4節 日本語と外来語の混合した刺激リストを用いた命名課題（研究13）

◆ 目的 ◆

　これまでの研究において，命名課題においては刺激リストが外来語単語のみからなる場合と，外来語単語と非単語が混在している場合とで，反応時間にみられる頻度と表記の交互作用のあり方が異なった。刺激リストが外来語単語のみからなる場合には交互作用が認められず，両表記とも同等の頻度効果を示した。この結果は，頻度の深層的側面のみを反映していると考えられるひらがな表記の外来語単語における頻度効果と，頻度の両側面を反映していると考えられるカタカナ表記の外来語単語における頻度効果が同等であったことを示している。したがって，頻度の表層的側面は頻度効果にとって重要ではないと結論づけることもできた。一方，刺激リストに非単語が加えられた場合は交互作用が認められ，カタカナ表記の外来語単語における頻度効果は安定して認められるが，ひらがな表記の外来語単語における頻度効果はそれに比べて小さく，さらに混入された非単語の単語類似性が増大すると消滅したのである。この結果は，非単語が混在しないリストとは異なり，頻度の両側面が頻度効果にとってそれぞれ一定の役割を演じているということを示している。すなわち，頻度の表層的側面による影響は刺激リストに非単語が含まれている場合には認められるが，非単語が含まれない場合には認められないということになる。これらの結果のいずれが実際のリーディング場面における遂行成績を反映しているといえるのであろうか。

　研究11および研究12の結果が，非単語が刺激リストに混在していることにより生じており，それによって何らかの処理方略における変更を余儀なくされたために生じたものであるならば，これらの研究の実験状況は通常のリーディング場面とは異なったものであったと考えられる。したがって，命名課題の結果としてはむしろ研究9および研究10の実験結果の方が実際のリーディング場面におけるパフォーマンスを示しているといえるであろう。しかし，研究11および研究12の実験結果が，刺激リストが均一な材料からなっていないことにより生じたのであれば，むしろ通常のリーディング事態を反映したものであるといえる。研究9および研究10では表記文字を2種類用いたが，刺激と

して用いた単語はすべて外来語であった。これは，外来語単語が通常カタカナで表記されるという慣例から単語と表記の親近性を操作するのに適していたためであった。この方法によって刺激として用いた単語が外来語単語という小さい母集団から選択されることになった。しかし，研究11および研究12では命名リストに非単語が混入されているため，命名すべき文字列がすべて外来語単語であるという状況ではなくなった。このことが頻度と表記の交互作用のあり方に影響を与えた可能性もある。もしそうであれば，実際のリーディング場面のパフォーマンスを反映しているのはむしろ研究11および研究12の実験結果の方であるということもできる。

　この問題を検討するために，研究13では研究11および研究12の刺激リストにおける非単語に替えて日本語単語を用い，より実際のリーディング場面に近い刺激構成をとることにした。これによって，頻度と表記の交互作用が認められるのは，外来語と非単語という特殊なリスト構成によるものか否かが明らかになるであろう。具体的には，研究11および研究12で用いた刺激リストのカタカナ表記およびひらがな表記の外来語単語に新たにカタカナ表記およびひらがな表記の日本語単語の名詞を加えた刺激リストを用いて被験者に命名反応を求めることにする。ただし，結果の集計および分析には，外来語単語への反応のみを用いる。日本語単語の場合，通常ひらがなかカタカナで表記される単語は少なく，そのため頻度の統制を十分に行なえる刺激を抽出するのが困難であったためである。

　もし，本実験において外来語単語の頻度と表記の両要因間に交互作用が認められなければ，研究8の語彙判断課題や研究11および研究12の非単語を混入させた刺激リストによる命名課題において認められた外来語単語の頻度と表記の交互作用は，単に非単語を単語リストに含むという特定の場合にだけ認められるものであるということになるであろう。しかし，交互作用が認められれば，むしろ語彙判断課題の結果は非単語が刺激リストに含まれるという課題特有の性質から生じるものではないことが示されると同時に，その交互作用の認められた結果はより一般のリーディング事態の結果を反映しているといえるであろう。

## ◆ 方法 ◆

### 被験者

　大学生35名（男子12名，女子23名）が本実験に参加した。被験者の年齢範囲は20歳5ヶ月から22歳1ヶ月，平均は21歳2ヶ月で，いずれも正常な視力あるいは矯正視力を有する者であった。

### 装置および刺激

　刺激の提示と反応の測定に用いられた装置は研究11と同一であった。刺激として用いた単語は，天野・近藤（2000）より高頻度語として単語頻度（log10[n]）が3.7以上の外来語を36語，低頻度語として単語頻度（log10[n]）が1以上2以下の外来語を36語選出した。日本語については名詞のみを抽出した。ただし，すでに述べたようにひらがなで主に表わされる単語が少ないため，低頻度高頻度の基準は外来語と日本語とで異なっていた。これらの刺激語の半数ずつをそれぞれひらがなで表記したものとカタカナで表記したものからなるリストと，その逆になるリストを作成した。以上の刺激構成により，被験者は144語について反応することになる。

### 手続き

　研究11および12と同一であった。

## ◆ 結果 ◆

　全被験者の外来語単語に対する反応を分析の対象とした。被験者ごとの平均反応時間および標準偏差を算出した結果を表7-4に示した。誤反応は全反応の3％以下であったので分析の対象とはしなかった。平均反応時間に関して，頻度および表記頻度の2要因分散分析（いずれも被験者内要因）を行なったところ，頻度の主効果および表記頻度の主効果が有意であった（$F(1,23) = 41.16, p<.01; F(1,23) = 21.92, p<.01$）。また，両主効果の交互作用も有意であった（$F(1,23) = 6.48, p<.05$）。単純主効果の検定の結果，カタカナ表記においてもひらがな表記においても有意な頻度効果が認められた（それぞれ，$F(1,23) = 34.18, p<.01; F(1,23) = 9.32, p<.01$）。

◆表7-4 外来語単語における各条件の平均反応時間（ミリ秒）と標準偏差（研究13）

|  | 高頻度 | | 低頻度 | |
| --- | --- | --- | --- | --- |
|  | 平均 | 標準偏差 | 平均 | 標準偏差 |
| カタカナ | 683.4 | 115.0 | 747.1 | 137.5 |
| ひらがな | 719.4 | 137.7 | 762.9 | 146.9 |

◆考察◆

　本研究の目的は，命名課題における頻度と表記の交互作用を検討した研究9および研究10から得られた結果と研究11および研究12から得られた結果の不一致の原因を検討することであった。そのため，これらの研究で用いられた外来語単語に日本語単語を混入させた刺激リストに対する命名反応を被験者に求め，頻度と表記の交互作用の有無を確認しようとした。

　その結果，日本語単語を刺激リストに加えた場合，頻度と表記の交互作用が認められた。カタカナ表記の外来語単語の場合も，ひらがな表記の外来語単語の場合も，頻度効果は認められたが，前者は後者に比べて大きかった。したがって，研究11および研究12において認められた頻度と表記の交互作用は刺激リストに非単語を混入させた場合にのみ生じる特別な結果ではないことが明らかとなった。また，研究9および研究10における頻度と表記の加算的な関係は，命名課題の刺激リストが外来語単語のみからなるという特殊性にもとづいたものであったといえる。したがって，さまざまな単語が存在する通常のリーディング事態においては，頻度と表記の間には交互作用が生じると結論づけることができる。

## 第5節 本章のまとめ

　第6章において，頻度の表層的側面と深層的側面という2側面が頻度効果の生起に関与していると考える必要性を指摘し，その考えの妥当性はカタカナ表記の外来語単語とひらがな表記の外来語単語の頻度効果を検討することによって明らかとなると指摘した。本章において，語彙判断課題と命名課題を用いてそれぞれの表記の外来語単語の頻度効果を検討したところ，語彙判断課題では，頻度の両側面を備えていると考えられるカタカナ表記の外来語単語における頻

度効果が，ひらがな表記の外来語単語より大きいという，頻度と表記の交互作用が認められた。一方，命名課題では，頻度と表記は加算的に作用し，語彙判断課題にみられた交互作用は認められなかった。そして，このように頻度と表記の交互作用のあり方が課題間で異なることの原因について，命名課題における刺激リストの構成という点から明らかにしようとした。

　第1節において，外来語単語からなる命名課題の刺激リストに非単語を混入させ被験者に反応を求めたところ，単語類似性が低い非単語を用いた場合（研究11）も単語類似性の高い非単語を用いた場合（研究12）も，頻度と表記の交互作用が認められた。さらに第2節において，刺激リストに混入させる文字列を非単語ではなく日本語単語にした場合でも同様の交互作用が認められた（研究13）。

　これらの結果から，通常のリーディング事態においては，頻度と表記が交互作用し，カタカナ表記の外来語単語においてもひらがな表記の外来語単語においても頻度効果は認められるが，前者の頻度効果は後者より大きいということができる。すなわち，カタカナ表記の外来語単語における頻度効果は，頻度の両側面が反映するために大きく，ひらがな表記の外来語単語における頻度効果は，頻度の深層的側面のみが反映するために小さくなることが示唆された。

　本研究で仮定されている頻度の2側面の一方である頻度の深層的側面は単語の表記あるいは形態に依存しない頻度を指し，単語の発音や意味にアクセスした頻度ということができる。一方，頻度の表層的側面は，単語の表記あるいは形態に依存した頻度を指し，単語を特定の表記で経験した頻度ということができる。したがって，カタカナ表記の高頻度外来語は2側面とも高頻度，カタカナ表記の低頻度外来語は2側面とも低頻度，ひらがな表記の高頻度外来語は深層的側面が高頻度で表層的側面は極低頻度，ひらがな表記の低頻度語は深層的側面が低頻度で表層的側面は極低頻度となる。本章の一連の実験において，これらの頻度の差が認知過程に及ぼす影響を反応時間として実証することができた。

# 第8章 頻度の2側面と単語の視覚的認知課題で確認されている諸効果

## 第1節 はじめに

　第Ⅱ部において，視覚的単語認知課題における頻度効果を検討するにあたり，頻度を表層的側面と深層的側面という2側面に分けて捉える必要性についてこれまで論じてきた。そして，それら2側面のどちらもが頻度効果に関与している可能性が示された。ただ，これら頻度の2側面は単に頻度というものを異なる2つの視点からみているにすぎないという可能性もあれば，頻度は異なる性質をもつ2つの側面から成り立っている複合的な効果であるという可能性もある。すなわち，これらの2側面が語彙表象へのアクセス過程における同じ部分に影響するのか（頻度効果の所在は1つであるのか），異なる別々の部分に影響するのか（頻度効果の所在は2つあるのか）については，いずれか一方を支持するに十分な実証的証拠が得られているわけではない。そこで本章では，視覚的単語認知研究において頻度効果との関係が繰り返し検討されてきた反復効果と不鮮明化効果をとりあげ，頻度効果を性質の異なる2側面からなる効果であると捉えることの必要性を確認するとともに，頻度の2側面と頻度効果との関係についてさらに検討し，この問いに対する答えを得ることを目的とする。また，それによってこれら2つの効果と頻度との関係について，これまでの説明に新しい知見を加えることができるであろう。

　そこで本節では，まず反復効果と不鮮明効果がそれぞれ頻度効果とどのような関係にあり，それらがどのように説明されてきたかについて述べる。次に，それぞれの効果が頻度の2側面のそれぞれと異なる関係をもつことを実験的に明らかにし，同時に頻度とそれらの効果の交互作用に関するこれまでの説明に新しい知見を提供する。

## 第2節 反復効果と頻度効果

　視覚的単語認知課題において単語を反復して提示すると，容易に同定できるようになることはよく知られた現象である。この現象は，反復効果，反復プライミング効果，あるいは直接プライミング効果と呼ばれ，これまで語彙判断課題（Forbach et al., 1974; Ratcliff et al., 1985; Scarborough et al., 1977）や，命名課題（Skinner & Grant, 1992），不鮮明化された刺激の知覚同定課題（Carroll & Kirsner, 1982; Jacoby, 1983; Jacoby & Dallas, 1981; Murrell & Morton, 1974）など多くの課題で示されてきた。

　近年，この反復効果に関与する多くの特性が明らかにされてきたが，本研究で問題としている頻度との関係をとりあげたものとして頻度抑制効果（frequency attenuation effect: Duchek & Heely, 1989; Forster & Davis, 1984 参照）がある。これは，反復効果は頻度に敏感であり，単語の頻度が高くなると反復効果が抑制されるというものである。この効果についてはさまざまな課題を用いて多くの研究で確認されている（たとえば，Bowers, 2000; Craik et al., 1994; Jacoby & Dallas, 1981; Kirsner et al., 1986; Roediger et al., 1992）。

　Scarborough et al.（1977）は，高頻度語より低頻度語において大きな反復プライミング効果を確認しているが，Forster & Davis（1984）は，先行提示された単語をマスキングして意識的に認知できなくすると，反復プライミング効果は生じるが，頻度との交互作用はみいだせないことを報告している。ただ，マスキングしないと反復と頻度が交互作用することから，視覚的に提示される単語に認められる反復プライミング効果も単語検出装置自体へ影響していると考えられた。なぜなら，単語検出装置は頻度に関する情報に敏感であると考えられているからである。頻度効果とはある単語を目にした経験の多寡が後の認知に与える効果であるという見方をとると，頻度効果を一種のプライミング効果と考えることが可能であろう。単語の反復プライミング効果については，かなり長期間持続することが知られており，数時間後でも，数日後でも，数年後でもその効果がみいだされている（Jacoby, 1983; Kolers, 1976; Scarborough et al., 1977）。このことからも，頻度効果の所在と反復プライミング効果の所在が同一であるという考えに合理性がないわけではない。

活性化タイプのモデルは，この効果を残存する活性化によって説明する。すなわち，いったん単語が同定されるとロゴジェンやユニットの活性化は制止水準にまで低下するが，静止水準に低下する以前にその単語が再び提示されると，同定のために必要な活性化量は少なくてすむと考えるのである。したがって，頻度効果との関係においては，低下する活性化量が同じであるので，残存する活性化量は高頻度語より低頻度語の方が大きいはずである。したがって，高頻度語より低頻度語は大きな反復効果を示し，Scarborough et al. (1977) が示したように両効果の交互作用が認められたのであろう。また，プライムがマスキングされた場合についても，プライムによって活性化は生じるがマスキングされることによりプライムの感覚表象が消失するため同定に至らない程度の活性化が生じると考える。そのため，低頻度語であろうと高頻度語であろうと語彙システムは同程度の量の活性化を受けており，プライムをマスキングした場合の頻度効果と反復プライミング効果は Forster & Davis (1984) が示したように交互作用せず加算的なものとなると説明できる。

走査モデルでは，プライム語に対するマスキングがある場合は直前に同定されることによってその単語に対応する語彙項目が「開放 (open)」され，アクセスされやすくなると仮定することにより，一方マスキングされない場合は語彙判断に影響を与えるようなエピソード痕跡が作られると考えることにより (Forster & Davis, 1984)，説明される。前者の場合，頻度効果との交互作用が予測されないが，後者の場合は頻度効果との交互作用が予測され，実際にデータと一致する。また，有力ではないが，いったん同定された単語はアクセスファイルの先頭に移動するために2度目の提示で同定が速くなるという考えもある。この説明は，マスキングされない場合の実験結果の説明だけに有効なものである。

また，混合モデルにおいては，反復プライミング効果は活性化モデルと同じように残存する活性化によって説明される。ただし，頻度効果との交互作用については，加算的な効果が導かれる。なぜなら，反復効果が活性化に，頻度効果は照会にというように，語彙システム内の異なった段階に影響すると考えられているためである。Forster & Davis (1984) の結果は，この考え方によっても説明可能である。

しかし，反復効果が単語検出装置だけで説明されているわけではない。記憶における特定のエピソードによる影響という考え方がある。このような説明は，単に以前に見た単語と類似する単語を認知するために，反応が速くなると考える立場である（たとえば，Jacoby, 1983; Logan, 1990）。この考え方は頻度と反復との交互作用に及ぼすマスクの有無の影響をうまく説明することができる。すなわち，マスキングされない場合はターゲット語に対する語彙判断に影響するようなエピソード痕跡が形成され，これに単語検出装置に関与する部分が加わった結果として反復効果が生じると説明できる。一方，マスキングされた場合はエピソード痕跡が形成されず，反復効果は単語検出装置に関与する部分によってのみ生じると説明できる。高頻度語か低頻度語といった単語の頻度によって影響を受ける部分はエピソード記憶が関与していることを示唆するものと解釈できる。一方，単語検出装置によって説明される部分は残された部分，すなわち単語の頻度に影響されない部分になる。さらに，近年，Tenpenny（1995）は語彙判断課題と命名課題を用いてこれらの見解を検討し，反復におけるエピソード記憶の役割を指摘している。

一方，本研究で仮定した視覚的単語認知における頻度の2側面という考え方によれば，頻度の表層的側面は単語の表記といった知覚的側面と関わっており，深層的側面は意味や音韻あるいは抽象的な意味での綴りといった語彙表象のもつ情報と密接に関わっている。もし，本研究の仮定が正しければ，これら2側面のそれぞれと反復効果との間には互いに異なった関係が生じると考えられる。具体的には，知覚的なエピソードに関与するのは頻度の表層的側面であり，語彙表象に関与するのは頻度の深層的側面であると考えられる。そして，そのように考えると，頻度の表層的側面と反復が交互作用する場合はエピソードの関与が強く示唆され，深層的側面と反復が交互作用する場合は語彙表象の関与が強く示唆される。

Logan（1990）は，自動化についての自らの理論（Logan, 1988）を反復効果の説明にも適用しようと試みた。そこでは，課題の遂行成績は，過去の処理のエピソードを検索することを誘発するような刺激によって向上するとし，その検索可能性は記憶におけるエピソードの数に影響されると考えたのである。その過去の処理エピソードを誘発するような刺激は，頻度の表層的側面と密接

に関係していると考えられるのである。したがって，繰り返し用いられる表記文字で表わされた単語の場合は，その知覚的手がかりからエピソードが容易に検索され，それにもとづいて自動化されたすばやい反応ができるという説明が可能である。一方，普段用いられない表記文字で表わされた単語は，その単語から処理エピソードが検索されないため検索に時間がかかるか，または別の処理（Logan（1988）はこれを労力を必要とするルールにもとづく処理（effortful rule-based processing）あるいはアルゴリズム処理（algorithmic processing）と呼んでいる）が行なわれ，反応時間が遅くなると考えられるのである。

## 第3節 頻度の表層的側面が反復効果に及ぼす影響 （研究14）

### ◆問題◆

　本研究では，表層的側面に関して反復と頻度の2つの要因を操作し，頻度の表層的側面による影響がエピソードによる考え方で説明できるか否かを検討する。具体的には，同一の表記文字で表わされた同一単語に対して2度の語彙判断課題を要求し，反応時間と誤反応率の1回目から2回目への変化によって反復効果を測定する。頻度の表層的側面については，表記文字と単語の親近性が異なると考えられる2種類のかな単語であるカタカナ表記の外来語（たとえば"テニス"）とカタカナ表記の日本語（たとえば"スイエイ"）を用いることによって操作する。なお，ここでは刺激語として比較的高頻度語とみなされる単語を用いた。このような刺激によって，頻度の表層的側面と反復という2つの要因の交互作用を検討する。

　本研究の場合，"テニス"のように表層的側面からみた頻度の高い単語では，知覚的手がかりを用いることによって過去の処理エピソードが検索されやすいが，"スイエイ"のように表層的側面からみた頻度の低い単語では知覚的手がかりから過去に処理したエピソードを検索することは困難であると考えられる。エピソードの関与が指摘されるマスクなしのプライムを用いた実験状況では，プライムによって当該単語の処理エピソードを検索する知覚的手がかりが利用可能となるため，その影響を強く受ける表層的側面からみた頻度の低い単語では反復効果が大きいと考えられる。もしそうであれば，頻度の表層的側面

と反復の両要因の交互作用が認められるであろう。

　他方，頻度の表層的側面の影響は単語検出装置で説明でき，たとえば活性化タイプの視覚的単語認知モデル（McClelland & Rumelhart, 1981; Morton, 1969, 1979）が適用できるとするならば，マスクなしのプライムを用いた反復課題では，プライム語の提示による活性化の恩恵は同等であると考えられるため，反復と頻度の表層的側面は交互作用しないであろう。なぜなら，頻度の表層的側面の高低にかかわらずどちらのタイプの単語も高頻度であると考えられることから同等の閾値をもち，先行提示による活性化の影響も同じであると考えられるためである。また，系列的な走査モデル（Forster, 1976）からも，同様の予想が成り立つであろう。したがって，語彙表象によって頻度の表層的側面の効果が説明できるのであれば，反復と頻度の表層的側面の2つの要因の交互作用は認められず，両要因の加算的な効果が認められるであろう。

## ◆方法◆

**被験者**

　大学生22名（男子11名，女子11名）が本実験に参加した。被験者の年齢範囲は20歳2ヶ月から24歳2ヶ月，平均21歳6ヶ月であり，いずれも正常な視力を有する者であった。

**装置および刺激**

　刺激の提示には2台のスライドプロジェクタ（Kodak Ektagraphic Slide Projector）と電子シャッター（Gerbrand G-1169 shutter）から成るプロジェクタ・タキストスコープを用いた。また，反応時間の測定には反応キーとデジタル・タイマーを用いた。刺激語は，小川（1972）の「52カテゴリーに属する語の出現頻度表」から出現頻度のほぼ等しい3あるいは4文字の単語を60語選出した。その内訳は，外来語でありカタカナで表記されるもの30語（外来語群），日本語であり一般には漢字あるいはひらがなで表記されカタカナで表記されることの少ないもの30語（日本語群），非単語として上で選出したもの以外の単語の1文字を他の文字に置き換えたもの30語を用いた。また，刺激語は非単語を含めてすべてカタカナで表記した。刺激語の例は表8-1に示す。外来語群と日本語群において刺激語の文字数は同数になるように配慮した。

◆表8−1　刺激語の例（研究14）

|  | 外来語 | 日本語 | 非単語 |
|---|---|---|---|
| 第1ブロック | テニス | ツクエ | オペパ |
| 第2ブロック |  |  |  |
| 　新出語群 | ワルツ | エノグ |  |
| 　反復語群 | テニス | ツクエ | オペパ |

**手続き**

　各被験者は右手で肯定反応を，左手で否定反応をする群と，左手で肯定反応を，右手で否定反応をする群に折半された。被験者は2つのブロックからなる語彙判断課題を行なった。第1ブロックでは60語（単語30語，非単語30語），第2ブロックでは90語（単語60語，非単語30語）がそれぞれ用いられた。第2ブロックで用いられた単語60語のうち30語は第1ブロックで用いられた単語（反復語群）であり，残り30語は第1ブロックで用いられなかった単語（新出語群）である。反復語群と新出語群ともに外来語と日本語が半数ずつ含まれており，反復と新出の各語群に含まれる単語は被験者ごとに交互にされた。各試行では，被験者前方のスクリーンの中央に凝視点が1秒提示され，続いて同じく視野中央に刺激語が水平に2秒提示された。提示の順序は，単語と非単語および外来語と日本語，さらに第2ブロックでの反復と新出に関してランダムにされた。被験者は，凝視点に続いて提示される文字列が単語であれば肯定ボタンを，そうでなければ否定ボタンをできるだけ速く正確に押すよう求められた。刺激語が提示されてから被験者の反応によってタイマーが停止するまでの時間を語彙判断時間として測定した。

　本試行の前には20試行からなる練習試行を行ない，手続きに習熟させた。また，試行間間隔は4秒であり，第1ブロックと第2ブロックとの間に5分間のインターバルを設けた。なお，刺激語は82センチメートル離れたスクリーン上に1字あたり視角にして0.70度×0.70度の大きさに提示された。各刺激語は水平に提示されたので1単語あたりの視角は，0.70度×2.45度（3文字）あるいは0.70度×3.36度（4文字）であった。

◆ 結果 ◆

◆表8－2　各条件における平均反応時間（ミリ秒）と誤反応率（％）（研究14）

|  | 外来語 | | 日本語 | | 非単語 | |
|---|---|---|---|---|---|---|
|  | 平均反応時間 | 誤反応率 | 平均反応時間 | 誤反応率 | 平均反応時間 | 誤反応率 |
| 第1ブロック | 589.2 | 3.9 | 721.3 | 9.4 | 787.1 | 2.0 |
| 第2ブロック | | | | | | |
| 　新出語群 | 597.1 | 2.7 | 729.5 | 15.5 | ― | ― |
| 　反復語群 | 547.8 | 0.6 | 562.3 | 5.8 | 773.5 | 2.9 |

ここでは，全被験者の正反応を結果の整理の対象とした。また，反応時間が1.5秒を越えた試行は除外している。表8－2は，各条件での平均反応時間および平均誤反応率を示している。第1ブロックの反応時間について1要因分散分析を行なった結果，3つの語群間に有意な差がみいだされた（$F(2,42) = 97.85$, $p<.01$）。さらにTukey法による多重比較の結果，外来語群は日本語群より反応時間が短く（$q = 12.94$, $p<.01$），日本語群は非単語群より反応時間が短かった（$q = 6.49$, $p<.01$）。誤反応率においても有意な差がみいだされた（$F(2,42) = 13.65$, $p<.01$）。すなわち，日本語群で誤反応率が外来語群より高く（$q = 5.24$, $p<.01$），外来語群と非単語群には差がなかった（$q = 1.89$, $ns$）。

ところで，本実験の関心は，主として第2ブロックにおける反復語群と新出語群との反応時間の差で表わされる反復プライミング効果にある。そこで第2ブロックの肯定反応における反応時間に対する分析が行なわれた。第2ブロックの平均反応時間について，反復プライミング効果（新出／反復）と単語の種類（外来語／日本語）の2要因分散分析を行なった結果，プライミングの主効果は有意となり（$F(1,63) = 26.55$, $p<.01$），単語の種類の主効果も有意であった（$F(1,63) = 12.04$, $p<.01$）。また，両要因間の交互作用も有意となった（$F(1,63) = 7.75$, $p<.01$）。Tukey法により多重比較を行なったところ，日本語群では反復効果が認められた（$q = 7.94$, $p<.01$）が，外来語群では認められなかった（$q = 2.37$, $ns$）。一方，新出語群では外来語が日本語に比べ反応時間が有意に短く（$q = 6.23$, $p<.01$），反復語群では外来語と日本語で反応時間に差がなかった（$q = .69$）。また，第2ブロックの誤反応率についても同様の分析を行なった結果，プライミングの主効果は有意となり（$F(1,63) = 17.07$, $p<.01$），単語の種類の主

効果も有意となった（$F(1,63) = 39.06, p<.01$）。両要因間の交互作用も有意となり（$F(1,63) = 7.01, p<.025$），日本語群ではプライミング効果が認められたが（$q = 6.78, p<.01$），外来語群では認められなかった（$q = 1.48, ns$）。一方，新出語群，反復語群ともに日本語群での誤反応率が高かった（$q = 8.90, p<.01; q = 3.60, p<.05$）。なお，表8−2より反応時間と誤反応率との間に反応速度と正確性のトレードオフは生じていないことが示されている。

◆ 考察 ◆

結果から明らかなように，第1ブロックおよび第2ブロックの新出語群の語彙判断において，カタカナ表記の外来語はカタカナ表記の日本語よりも反応時間が有意に短く誤反応率も低いことから，語彙判断課題における頻度の表層的側面の効果は本実験でも認められたことになる。また，第1ブロックにおける非単語群の反応時間は単語群より長く，有意味語効果（lexical status effect）が認められた。本実験の主たる関心である，反復と頻度の表層的側面の両要因の交互作用については，両者の間に有意な交互作用が認められた。すなわち，頻度の表層的側面の高低によって，反復プライミング効果に相違が認められたのである。

本実験の主たる目的は，前実験で示された頻度の表層的側面の効果の原因を反復プライミング効果の説明で用いられるエピソードという考え方によって説明可能か否かを検討することであった。すでに述べたように，マスキングされない反復プライミング効果はエピソード記憶と語彙表象の活性化によって説明される（Forster & Davis, 1984; Tenpenny, 1995）。マスクなしの反復と頻度の表層的側面の両要因間に有意な交互作用が認められたことから，両効果は共通する処理段階に影響を与えていることが明らかとなった。したがって，頻度の表層的側面の効果はエピソードによって説明できる可能性を示唆したことになる。

通常外来語は，カタカナで表記されるので，表記の親近性の高いカタカナ表記の外来語に関する語彙処理のエピソードが，その単語に遭遇するごとに累積されていく。他方，日本語の単語は通常漢字で表わされる場合が多いので，表記の親近性の低いカタカナ表記の日本語単語に関する語彙処理のエピソード

は不十分にしか累積されていない。このようなエピソードの有無によって頻度の表層的側面の異なる2種類の単語に対する反応時間に差が生じる。Logan (1988) の自動化に関する理論では，エピソード記憶による自動的な処理と心的努力を要するルールにもとづく処理という2種類の処理には反応時間に差が生じると考えられた。

　すなわち，エピソードにもとづく処理では，刺激の提示によって同一のあるいは類似した過去のエピソードの検索が行なわれる。そして，そのエピソードにはそのターゲットに対してどのような反応を行なったかという情報も含まれるので，アルゴリズム的な処理を用いることなくすばやく反応することができる。ただし，有効なエピソード記憶を検索できるか否かはそのエピソードの数によるので，頻度の表層的側面の高いカタカナ表記の外来語についてのみこのような処理が生じることになる。一方，カタカナ表記の日本語のように累積されたエピソードが十分ないため検索できない場合や，エピソードが形成されていない場合は，アルゴリズムによる処理が行なわれる。この場合は，課題の遂行を自動的に行なうことは考えられない。

　このように，頻度の表層的側面の高い単語はアルゴリズムによる処理を完了する以前にエピソードの検索が容易に行なわれるため反応が速くなるが，頻度の表層的側面の低い単語は，関連するエピソードを検索している間にアルゴリズムによる処理が完了してしまうため反応が遅くなるといえる。アルゴリズムによる処理は，相対的に多くの時間と心的努力を要するからである。

　視覚的に提示された単語を認知する場合，提示された単語がなんらかの形で符号化され，語彙表象と照合される必要があると考えられている。そのため，レキシコンの内的表象がいかなる形であるかによって符号化時の処理方略が異なると考えられる。レキシコンへのアクセスの問題を提示された単語の符号化方略という側面からとりあげた Barron (1980) はそのレビュー論文の中で，その過程には少なくとも2つの方略が存在すると述べている。1つは視覚－綴り方略（Visual-Orthographic Strategy）であり，もう一方は音韻的方略（phonological strategy）である。そして両者の方略が通常は並行して用いられることは，すでに Baron (1973) や Coltheart et al. (1977) が示唆している。また，これを処理ルートという側面からみると，それぞれ二重ルートモデルに

おける直接ルートと間接ルートということになる。これらの方略やルートの決定因について考えるとき，学習による重大な変化（Ehri, 1978）に注目する必要がある。つまり，複数の処理ルートを前提にした視覚的単語認知モデルは，ルートあるいは処理方略の相違を説明するために，単語の頻度や学習経験を用いている。特に日本語の場合は，これらに加えて漢字とかな文字という文字の違いがあげられた。しかし，なぜこれらによってルートが異なるかについては明確になっていない。研究14の結果から，そのルート決定の基準を頻度の表層的側面の高低に求めることができるといえる。

## 第4節 頻度の2側面が反復効果に及ぼす影響（研究15）

### ◆問題◆

　研究14では，頻度の表層的側面とマスクなしの反復が交互作用し，両要因の間には，頻度とマスクなしの反復の間にみられる関係と同様の関係がみいだされた。頻度の表層的側面と反復の交互作用が認められたことから，頻度と反復の交互作用の説明と同様に解釈することができる。すなわち，頻度の表層的側面における反復効果が活性化タイプのモデルにおけるレキシコンの活性化やコネクショニスト・モデルにおける結合強度の増大ではなく，記憶の特定のエピソードの検索と関わっている可能性を示唆するものであった。

　このように研究14では，頻度の深層的側面を統制した場合，頻度の表層的側面と反復が交互作用することは明らかとなったが，頻度の深層的側面と反復の関係についてはまだ検討できていない。もし，頻度の深層的側面と反復の関係が頻度の表層的側面と反復の関係と異なれば，頻度の2側面は単に頻度効果を異なる視点から述べているにすぎず，頻度の2側面は不可分な効果であるという可能性は否定されることになる。本書で主張するように，頻度効果は所在の異なる2つの効果からなる複合的効果であることが支持されることになる。ただ，頻度の深層的側面を検討する場合，頻度の表層的側面が低い単語を用いて頻度効果を検討する必要がある。なぜなら，頻度の表層的側面が高い単語における頻度の深層的側面は一般的な頻度になってしまう。したがって，頻度の深層的側面と反復との関係を明らかにするためには，頻度の表層的側面の低い

単語を用いて頻度効果と反復効果の関係を検討する必要がある。すなわち，頻度の表層的側面の低い低頻度語における反復（たとえば，"ろでお"→"ろでお"）と，頻度の表層的側面の低い高頻度語における反復プライミング（たとえば，"てにす"→"てにす"）である。

さらに，本実験では，頻度の深層的側面と表層的側面が反復に及ぼす影響を検討するために，表記内反復と表記間反復を比較する。表記形態の等しい刺激同士（たとえば，"テニス"→"テニス"，あるいは，"てにす"→"てにす"）の表記内反復効果と表記形態の異なる刺激同士（たとえば，"テニス"→"てにす"，あるいは，"てにす"→"テニス"）の表記間反復において，前者では表層的側面と深層的側面表記の両面において反復が生じているが，後者では深層的側面のみが反復されることになる。したがって，頻度の深層的側面と表層的側面のいずれにも等しく反復プライミング効果が生じるのであれば，表記間反復時の促進量は表記内のものより小さくなるはずである。

なお，研究 14 では同じ刺激に対して語彙判断課題を 2 度求めるという手続きを用いたが，本実験の学習ブロックでは命名課題を，テストブロックでは語彙判断課題を被験者に求めた。被験者の語彙表象へのアクセスの反復が重要であり，判断過程のエピソードの影響を除外する必要があると考えたからである。

## ◆ 方法 ◆

### 被験者

女子大学生 34 名が本実験の被験者となった。被験者の年齢範囲は 20 歳 7 ヶ月から 24 歳 5 ヶ月，平均 22 歳 6 ヶ月であり，いずれも正常な視力あるいは矯正視力を有する者であった。

### 装置と刺激

刺激の提示には，パーソナルコンピュータ（Apple 社製 Power Macintosh 8100/80）と 13 インチカラーディスプレイ（Apple 社製），視覚提示反応測定用ソフトウェアとして SuperLab（Cedrus 社製）を使用した。

刺激材料として，天野・近藤（2000）より高頻度語として単語頻度（log10[n]）が 3.7 以上の外来語を 80 語，低頻度語として単語頻度（log10[n]）が 1 以上 2 以下の外来語 80 語を選出した。選出された単語の文字数は 3 から 6 文字の範

囲にあり，各頻度語群間でマッチングされた。その後，選出された各語群を以下のように分割した。まず，各語群の半数を学習段階とテスト段階のいずれにも用いられる反復語群とし，残りの半数をテスト段階でのみ用いられる新出語群とした。さらに，反復語群については高頻度語，低頻度語ともに4リストに分け，学習時の表記（ひらがな／カタカナ）とテスト時の表記（ひらがな／カタカナ）の組み合わせからなる4条件に割り振った。新出語群の単語については高頻度語，低頻度語ともに2リストに分け，テスト時の表記（ひらがな／カタカナ）の2条件にそれぞれ割り振って表記した。どの単語を新出語群あるいは反復語群に振り分けるかについては，被験者間でランダマイズされた。

**手続き**

　各被験者は右手で肯定反応を行ない左手で否定反応を行なう群と，左手で肯定反応を行ない右手で否定反応を行なう群に折半された。被験者は第1ブロックの課題として，反復語群の単語80語に対する命名反応を求められた。各試行において被験者前方のディスプレイの中央に凝視点が1秒提示され，被験者は続いて視野中央に水平に提示される刺激語をできるだけ速く明瞭に読み上げるよう求められた。提示の順序は頻度と表記に関して被験者ごとにランダムにされた。5分のインターバルの後に行なわれた第2ブロックでは，反復語群に新出語群の単語80語と，非単語160語を加えた320の文字列からなるリストに対する語彙判断課題が求められた。各試行において被験者前方のディスプレイの中央に凝視点が1秒提示され，被験者は続いて視野中央に水平に提示される文字列が単語であれば肯定ボタンを，そうでなければ否定ボタンをできるだけ速く正確に押すよう求められた。提示の順序は，単語と非単語，表記，新出と反復に関してランダムにされた。刺激語が提示されてから被験者の電鍵反応によってタイマーが停止するまでの時間を語彙判断時間として測定した。両ブロックにおいて刺激語は反応の開始とともに画面から消去された。

　本試行の前には20試行からなる練習試行を行ない，手続きに習熟させた。また，試行間間隔は4秒であり，第1ブロックと第2ブロックとの間に5分のインターバルを設けた。なお，刺激語は50センチメートル離れたディスプレイ上に視角にして0.70度×0.70度の大きさに提示された。各刺激語は水平に提示され，1単語あたりの視角は，0.70度×2.45度（3文字）から0.70度×

3.36度（6文字）であった。

◆ **結果** ◆

　全被験者のテスト課題における正反応における反応時間と誤反応数を結果の整理の対象とした。表8－3には，各条件における平均反応時間と平均誤反応率が示されている。平均反応時間の算出にあたっては，各被験者の各条件における全反応時間のうち上下に2標準偏差以上離れたものを除外して被験者ごとの各条件における平均反応時間を算出し，全被験者の各条件における平均反応時間を算出した。誤反応率については，各被験者の各条件における誤反応数を分子，各条件の刺激数から反応時間が2標準偏差以上離れたものの数を減じたものを分母とし，被験者ごとの各条件における誤反応率を算出した後，全被験者の各条件における平均誤反応率を算出した。

　頻度（高／低），表記（ひらがな／カタカナ），および反復（ベースライン／表記内反復／表記間反復）の3要因分散分析（すべて被験者内要因）を行なったところ，頻度，表記，反復のいずれの主効果も有意であった（それぞれ，$F(1,31) = 173.59, p<.01; F(1,31) = 116.53, p<.01; F(1,31) = 60.64, p<.01$）。反復と頻度の両主効果間，ならびに反復と表記の両主効果間に有意な交互作用があり（それぞれ，$F(2,62) = 3.64, p<.05; F(2,62) = 13.66, p<.01$），頻度と表記の交互作用に有意な傾向が認められた（$F(1,31) = 3.85, p<.07$）。また，これら3要因の交互作用も認められた（$F(2,62) = 3.55, p<.05$）。

　2次の交互作用が有意であったため，表記の2条件ごとに頻度と反復の効果を検討した結果，ひらがな条件では，頻度と反復それぞれの主効果が認められた（それぞれ，$F(1,31) = 67.92, p<.01; F(2,62) = 48.65, p<.01$）が，両要因の交互作用は認められなかった（$F(2,62) = 0.26, ns$）。そこで頻度の要因を込みにして反復の要因における各水準の多重比較をLSD法で行なった結果，ベースライン条件の反応時間が他の2条件より長かった。一方，カタカナ条件では，頻度と反復それぞれの要因の主効果および両要因の交互作用が有意であった（それぞれ，$F(1,31) = 75.08, p<.01; F(2,62) = 12.77, p<.01; F(2,62) = 9.05, p<.01$）。単純主効果の検定の結果，高頻度条件では反復の効果が有意ではなかった（$F(2,62) = 2.55, p<.10$）が，低頻度条件では反復の効果が有意であった（$F(2,62)$

= 15.61, $p<.01$)。低頻度条件における反復要因の各水準間の多重比較をLSD法で行なった結果,ベースライン条件の反応時間が他の2条件より長かった。

また,頻度ごとの反復と表記の交互作用を検討した結果,高頻度語の場合,反復の主効果,表記の主効果,および反復と表記の交互作用がいずれも有意であった(それぞれ,$F(2,62) = 27.17$, $p<.01$; $F(1,31) = 56.02$, $p<.01$; $F(2,62) = 13.09$, $p<.01$)。単純主効果の検定を行なったところ,反復の効果はひらがな表記条件では有意であった($F(2,62) = 24.09$, $p<.01$)が,カタカナ表記条件では有意ではなかった。低頻度語の場合も,反復の主効果,頻度の主効果,および反復と表記の交互作用がいずれも有意であった(それぞれ,$F(2,62) = 35.24$, $p<.01$; $F(1,31) = 104.31$, $p<.01$; $F(2,62) = 3.62$, $p<.05$)。単純主効果の検定を行なったところ,カタカナ表記条件でもひらがな表記条件でも反復の効果は有意であった(それぞれ,$F(2,62) = 30.31$, $p<.01$; $F(2,62) = 15.61$, $p<.01$)。なお,表8-3より反応時間と誤反応率との間に反応速度と正確性のトレードオフは生じていないことが示されている。

◆表8-3 各条件の平均反応時間(ミリ秒)と平均誤反応率(%)(研究15)

| 反復条件 | 高頻度 | | | | 低頻度 | | | |
| --- | --- | --- | --- | --- | --- | --- | --- | --- |
| | ひらがな | | カタカナ | | ひらがな | | カタカナ | |
| | 反応時間 | 誤反応率 | 反応時間 | 誤反応率 | 反応時間 | 誤反応率 | 反応時間 | 誤反応率 |
| ベースライン条件 | 621.5 (100.9) | 8.9 (7.5) | 521.8 (46.1) | 0.8 (2.2) | 664.1 (89.9) | 19.6 (10.3) | 602.9 (90.8) | 8.3 (5.0) |
| 表記内反復条件 | 564.3 (98.1) | 0.2 (0.4) | 513.4 (57.4) | 0.2 (0.4) | 600.2 (88.2) | 0.3 (0.6) | 563.6 (73.1) | 0.1 (0.3) |
| 表記間反復条件 | 568.6 (74.1) | 0.5 (0.7) | 525.6 (66.3) | 0.1 (0.4) | 612.6 (82.1) | 0.8 (0.8) | 570.9 (85.7) | 0.3 (0.5) |

＊カッコ内は標準偏差

**促進量について**

本実験の関心は前実験と同様に,テスト課題の新出語群と反復語群の反応時間にみられる反復効果である。そこで,各被験者の新出語群に対する平均反応時間を各条件の平均反応時間から減じたものをプライミング量として算出した。表8-4には,全被験者の各条件における平均プライミング量が示されている。このプライミング量について,反復のタイプ(表記内/表期間),頻度(高/低),およびターゲット語の表記(ひらがな/カタカナ)の3要因分散分析を行なったところ,反復のタイプの主効果,頻度の主効果,およびターゲット

語の表記の主効果が有意となった（それぞれ，$F(1,31) = 5.37, p<.05; F(1,31) = 8.91, p<.01; F(1,31) = 47.63, p<.01$）。また，頻度とターゲット語の表記の交互作用も有意となった（$F(1,31) = 6.59, p<.05$）。そこで，単純主効果の検定を行なったところ，頻度の主効果がターゲット語がカタカナ条件の場合でのみ有意であった（$F(1,31) = 16.37, p<.01$）。

◆表8－4　本実験の各条件における平均プライミング量（ミリ秒）（研究15）

| 反復条件 | 高頻度 | | 低頻度 | |
| --- | --- | --- | --- | --- |
| | ひらがな | カタカナ | ひらがな | カタカナ |
| 表記内 | 57.2 (44.8) | 8.4 (27.8) | 63.9 (39.8) | 39.3 (45.2) |
| 表記間 | 52.9 (52.8) | －3.9 (33.4) | 51.5 (50.9) | 32.0 (32.7) |

＊カッコ内は標準偏差

◆ 考察 ◆

　本実験の結果は次のように集約できる。すなわち，これまでの研究と同様，頻度の効果やターゲット語の表記の効果および反復のタイプの効果が認められた。また，これら3つの要因間の交互作用が認められ，表記内反復の場合に，カタカナで表記した外来語での頻度と反復は交互作用するが，ひらがなで表記した外来語での頻度と反復は交互作用しないことが明らかとなった。

　すでに述べたように，ひらがな表記した外来語を用いた場合にのみ，そこに認められる頻度効果を頻度の深層的影響によるものとみなすことができる。したがって，本実験の結果から，頻度の深層的影響と反復とは交互作用しないということができるであろう。このことと，マスクなしの反復においてエピソードが重要な役割を担うという諸研究の結果と考え合わせると，頻度の深層的影響の所在がエピソードとは無関係である可能性が示唆されることとなる。一方，頻度の表層的側面と反復との関係を検討するために行なった，高頻度語における表記と反復の交互作用および低頻度語における表記と反復の交互作用の結果，いずれの場合も表記と反復の交互作用が有意であった。したがって，ここでもマスクなしの反復においてエピソードが重要な役割を担うという諸研究の結果から，頻度の表層的側面の所在がエピソードと関連する可能性が示されたことになる。

また，表記間反復の結果では，プライム刺激をカタカナにし，ターゲット刺激をひらがなにした場合は頻度と反復に交互作用は認められなかった。この結果は頻度の深層的側面と反復が交互作用しないという知見と一致する。プライム刺激とターゲット刺激とで表記を変えた場合に，両者に共通する頻度の尺度は深層的側面のみであるからである。もしそうであるならば，プライム刺激をひらがなにターゲット刺激をカタカナにした場合にも頻度と反復に交互作用が認められないはずであったが，実際には認められた。しかし，この結果は次のように解釈することができる。すなわち，プライム刺激として用いられたのはひらがなで表記した外来語であり，通常はカタカナで表記される単語であった。そのため，これを視覚的に経験すると通常の表記であるカタカナ表記が活性化されるため，ターゲット刺激と同じカタカナで表記された単語を経験するのと類似の経験をすることになる。結果として，頻度の表層的側面が反復と影響しあうことになったと考えることができる。一方，プライム刺激をカタカナで提示した場合は，その単語のひらがな表記が活性化されることはなく，頻度の表層的側面が反復に影響することがなかったといえる。このような結果は，モダリティ間プライミングとモダリティ内プライミングのそれぞれと頻度との交互作用を検討した研究と類似の結果であった。

　これらの結果を総合すると，従来の研究で示されてきた頻度と反復との交互作用は，頻度の表層的側面と深層的側面という2つの頻度の複合的効果であったために生じたものであると考えられる。すなわち，反復に対して頻度の深層的影響が加算的に，頻度の表層的影響が交互作用的に働いた結果として現われた交互作用であるということができるであろう。このように，本実験からは，反復効果との関わりの異なる2つの頻度効果，すなわち頻度の表層的側面による影響と頻度の深層的側面による影響の存在が示され，さらにそれぞれの影響が，反復効果との関係からみれば，異なった所在にあることが示唆されたのである。

## 第5節 不鮮明化効果と頻度効果

　語彙判断課題や命名課題といった視覚的単語認知課題において，提示される単語をドットパターンで覆ったり，刺激の輝度を低下させることによって不鮮明化すると，反応速度や正答率が低下することはよく知られている（たとえば，Becker & Killion, 1977; Besner & Smith, 1992; Meyer et al., 1975）。そして，この刺激の鮮明度と頻度の間に交互作用が認められるかどうかが多くの研究で検討されてきた。本来，頻度効果は単語検出装置と関連して論じられる効果であるため，頻度との間に交互作用があるか否かによって，鮮明度が単語検出装置に関与する効果かどうかを明らかにできると考えられたからである。

　この鮮明度と頻度との交互作用が視覚的単語認知モデルにおいてどのように説明されているのかを次に述べる。まず，活性化タイプのモデルでは，刺激語の不鮮明化によって，活性化に必要な視覚情報の抽出が遅れるという考え方で説明される。そう考えるとより多くの視覚情報を必要とするはずの低頻度語は不鮮明化効果が大きくなり，結果として頻度と不鮮明化の間に交互作用が認められるはずである。

　走査モデルでは，刺激を明瞭な形に変換する最初の符号化段階で不鮮明化効果が生じると考える。したがって，不鮮明化効果がアクセスファイルの構成に直接影響しないと考えると，頻度との交互作用は認められず，不鮮明化効果は高頻度語でも低頻度語でも同程度に現われ，鮮明度と頻度とは加算的に作用するという関係がこのモデルからは予想される。ただし，非単語に対する不鮮明化効果が単語の場合とは異なるという報告（Besner, 1983）や，非単語における単語との類似度によって刺激の鮮明度の効果が異なること（Kinoshita, 1987）から，不鮮明化効果が初期の符号化段階にのみ影響を与えるものではなく，アクセス後のチェック段階においても生じることを仮定する必要があるのかもしれない。

　混合モデルでは，視覚表象の典型化の段階と照会段階の両方に不鮮明化効果が作用すると考えている。しかしながら，照会モデルでは，照会時に用いられるべき感覚セットが不鮮明化効果の結果大きくなるため，鮮明度と頻度との交互作用が生じ，高頻度語より低頻度語で不鮮明化効果が大きくなることが予想

される。

　このように，既存の単語認知モデルによれば，刺激の鮮明度と頻度が交互作用することを説明できるが，単純な交互作用しない加算的関係であることを説明するのは難しい。実際，頻度効果と不鮮明化効果の関連を検討した多くの実験結果は，一般的に両効果の交互作用は確認しておらず，両効果が加算的に作用することを明らかにしている。すなわち，刺激の不鮮明化は，低頻度語に対しても高頻度語に対しても同程度に単語認知課題の遂行成績を低下させるのである（Becker & Killion, 1977; Besner, 1983; Besner & McCann, 1987; Stanners et al., 1975; Wilding, 1988, Experiment 1）。そのため，語彙判断課題への両効果の加算的な作用は，単語認知モデルが考えている単語検出装置の段階ではなく，むしろ不鮮明な刺激が視覚的単語認知の初期に，そこへ送られるべき刺激特性をもつよう典型化されると解釈（Besner & McCann, 1987）せざるをえなかった。すなわち，提示された不鮮明刺激が鮮明化され，後続の処理が通常どおり行なわれるのである。そのために，高頻度語であっても低頻度語であっても等しくこの効果を受けると考えられたのである。さらに，単語検出装置の段階で刺激の鮮明度が影響するのであれば，それは頻度に関する情報に敏感であるために，刺激の鮮明度と頻度は交互作用するはずであると考えられたからであった。

　しかし，語彙表象の影響を受けずに高頻度語も低頻度語も同じように1文字1文字の典型化が行なわれるというようなボトムアップ型のみに依存した処理は考えにくい。さらに，一部の研究では両変数の交互作用が報告されていることもあり（Norris, 1984; Wilding, 1988, Experiment 2），安定して加算的効果が認められているとはいい難い。そのため，語彙表象の影響を受けつつ，刺激の鮮明度と頻度の交互作用が生じる場合と生じない場合を説明できる考え方が求められている。

　このような問題を頻度の2側面を仮定することによって説明できる可能性がある。すなわち，第Ⅱ部で主張してきたように，頻度効果の所在は2つであり，頻度の2側面それぞれが頻度効果に影響している。そして，頻度の表層的側面と深層的側面はそれぞれ刺激の鮮明度と異なった関係をもち，それらを総合した結果が頻度と鮮明度の交互作用として現われているという考え方である。

## 第6節 頻度の表層的側面と不鮮明化効果（研究16）

◆ 問題 ◆

　刺激の鮮明度が語彙判断課題や命名課題といった視覚的単語認知課題の成績に影響することはすでに述べた。これらの課題では，鮮明な刺激は不鮮明な刺激より速く正確に同定される。また，頻度効果との関係でいえば，刺激の鮮明度は頻度と加算的な関係にある。このような結果をSternberg（1969）の加算的要因論（additive factors logic）で解釈すると，これら2つの要因のそれぞれは異なる処理段階に影響していると解釈される。反対に2つの要因が交互作用する場合，それら両要因が共通の処理段階に影響していると解釈されるのである。もちろんこの解釈には，ある処理段階が完了した後に次の処理段階が逐次的に遂行されるディスクリート（discrete）なものであり，ある処理段階が完了する前に次の処理段階がすでに遂行されはじめるカスケード（cascade）なものではないという前提がある。そのため，実際には交互作用があるからといって共通の処理段階に影響しているとは必ずしもいえず，可能性が高いという程度にとどめなければならないが，交互作用がない場合に共通する処理段階に影響していないといえそうである。

　ところで，第Ⅱ部で主張してきたのは，頻度を表層的側面と深層的側面の両面で捉えるという考え方であった。本章では，その考え方を刺激の鮮明度と頻度との関係の説明に適用しようとした。従来，頻度と刺激の鮮明度との交互作用を検討した研究では，多くの場合交互作用をみいだしてはいないが，すでに述べたように交互作用をみいだしている報告もある。すべての研究で交互作用がみいだされていないのであれば，頻度の2側面のそれぞれが刺激の鮮明度と加算的な関係にあると予想することもできる。しかし，実際に交互作用の有無に関するこのような不一致が存在する。その説明を頻度の2側面を用いて説明できるのではないかと考えた。頻度を2側面で捉えた場合，主に視覚情報に関与する表層的側面と，視覚情報に関与しない深層的側面とでは，どちらもが刺激の鮮明度と加算的な関係を示すとは限らないのではないかと考えたためである。すなわち，頻度の2側面のそれぞれと刺激の鮮明度はそれぞれ独自の関係を保つが，それらを合算した頻度効果と刺激の鮮明度の効果をこれまでの研究

は議論していたことになる。

そこで，研究16では，まず頻度の表層的側面と刺激の鮮明度との交互作用を検討する。その結果，もし交互作用が認められれば，頻度と刺激の鮮明度との交互作用の有無に関する議論を解決する手がかりを得ることができるであろう。

◆方法◆

**被験者**

大学生27名（男子9名，女子18名）が本実験に参加した。被験者の年齢範囲は20歳5ヶ月から22歳1ヶ月，平均は21歳2ヶ月で，いずれも正常な視力あるいは矯正視力を有する者であった。

**装置および刺激**

刺激の提示と反応の測定には，Apple社製パーソナルコンピュータPowerMac7300/166，15インチカラーディスプレイとCedrus社製の反応ボックス，およびCedrus社製心理学実験用ソフトウェアSuperLabが用いられた。

刺激語として，高頻度であるとみなされる外来語36語と日本語36語がそれぞれ選ばれた。外来語はカタカナで表記する場合が多い単語，日本語はひらがなで表記する場合が多い単語であった。したがって頻度の表層的側面が高い単語としてカタカナ表記の外来語を，頻度の表層的側面が低い単語として，カタカナ表記の日本語をそれぞれ用いたことになる。また，非単語として単語との類似度が低い文字列を林（1976）の「ノンセンスシラブル新規準表」を参考に72作成した。なお，外来語，日本語，非単語とも，3文字，4文字，5文字からなる単語（あるいは非単語）が含まれる割合をマッチングさせた。これらの3つの語群のそれぞれをランダムに2分割し，半分の単語（あるいは非単語）に対して次に述べるような不鮮明化を施し，残り半分については鮮明なままにしたリストと，不鮮明／鮮明に関して反転させたリストを作成した。刺激語の不鮮明化については，画像処理ソフトを用いてぼかしの操作を加えることにより行なった。刺激の例は，図8－1に示したとおりである。

以上の刺激構成により，被験者は144文字列について反応することになる。

◆図8－1　不鮮明化された刺激の例（研究16）

## 手続き

「スペースキーを押して下さい」という試行の開始を促す表示が画面中央に水平に提示され，被験者がスペースキーを押すことによって各試行は開始された。その後，注視点が1秒提示され，最後にターゲット語が提示された。ターゲット語は被験者の反応と同時に消去され，再び「スペースキーを押して下さい」という表示が，提示された文字列のそれぞれの文字と同じ位置に提示された。なお，ターゲットの提示は最大2秒であり，その間無反応の場合は自動的に刺激が画面から消去され，次試行が開始された。ターゲット語となる文字列の提示順序は，綴りの親近性の高／低，鮮明／不鮮明，および単語／非単語に関してランダムにされた。また，各被験者間での提示順序もそれぞれ異なったものであった。被験者は，反応の準備ができ次第，非利き手で前方のディスプレイの指示どおりにスペースキーを押し，それによって現われる注視点を凝視し，最後に提示される文字列に対し，単語であれば反応ボックスの肯定ボタンを，単語でなければ否定ボタンをできるだけ速くかつ正確に押すという語彙判断反応が求められた。被験者は利き手の示指で肯定反応を，中指で否定反応をする者と，利き手の中指で肯定反応を，示指で否定反応をする者に折半された。ターゲットとなる文字列が提示されてから被験者の語彙判断反応によって反応キーのいずれかのボタンを押すまでの時間を測定し語彙判断時間とした。なお，本番実験の前には，被験者が手続きに習熟するよう20試行からなる練習試行を行なった。また，本実験の実施に際して，50試行ごとに2分間のインターバルを挿入した。実験に要した時間は被験者1人あたり約30分であった。

なお，刺激語は55センチメートル離れたコンピュータ・ディスプレイ上に1字あたり視角にして0.59度×0.59度の大きさで提示された。各刺激語は横書きで提示されたので，1単語あたりの視角は文字間のスペースも含めて0.59度×2.09度（3文字）から0.59度×3.49度（5文字）であった。

## ◆ 結果 ◆

全被験者の正反応を結果の整理の対象とした。被験者ごとの平均反応時間および誤反応率を算出した結果を表8-5に示した。

◆表8-5 各条件の平均反応時間（ミリ秒）と誤反応率（％）（研究16）

|  | 鮮明 | | 不鮮明 | |
| --- | --- | --- | --- | --- |
|  | 反応時間 | 誤反応時間 | 反応時間 | 誤反応時間 |
| 外来語 | 590.4 (55.1) | 1.2 (1.8) | 662.9 (58.6) | 5.1 (3.2) |
| 日本語 | 700.0 (81.7) | 4.7 (4.2) | 836.3 (107.9) | 9.2 (5.8) |

＊カッコ内は標準偏差

平均反応時間に関して，鮮明度および単語の種類の2要因分散分析（いずれも被験者内要因）を行なったところ，鮮明度の主効果および単語の主効果が有意であった（$F(1,26) = 226.20, p<.01; F(1,26) = 154.05, p<.01$）。また，両要因間の交互作用も有意であった（$F(1,26) = 44.35, p<.01$）。単純主効果の検定の結果，外来語の場合も日本語の場合も鮮明度の主効果が有意であった（$F(1,26) = 185.96, p<.01; F(1,26) = 162.92, p<.01$）。すなわち，外来語より日本語の方が不鮮明化の影響を強く受けることが明らかとなった。なお，表8-5より反応時間と誤反応率との間に反応速度と正確性のトレードオフは生じていないことが示されている。

## ◆ 考察 ◆

本実験では，頻度の表層的側面と刺激の鮮明度が反応時間に及ぼす影響を検討した。結果より，両要因は交互作用することが明らかとなった。すなわち，頻度の表層的側面の高い刺激語（すなわち，カタカナ表記の外来語）に対しては不鮮明化効果が小さく，低い刺激語（すなわち，カタカナ表記の日本語）に対してはその効果が大きかった。これまでの研究において，語彙判断課題で刺激の鮮明度と頻度は加算的に作用することが報告され（Becker & Killion, 1977; Stanners et al., 1975），刺激の鮮明度は視覚的単語認知における初期の符号化段階に影響すると考えられてきたことは，すでに述べたとおりである。すなわち，不鮮明な刺激に対しては，頻度効果が関与すると考えられている単語検出装置自体に視覚的情報が入る以前に典型化が行なわれるとされたのであ

る。したがって，頻度効果の一部となる頻度の表層的側面の効果も刺激の鮮明度と交互作用しないことが予想された。

　一方，このような刺激の鮮明度の効果を単に視覚的単語認知における初期の典型化だけに関わるものとして捉えないという考え方を支持する研究として，たとえば，刺激の鮮明度の効果に関しては，語彙判断課題における有意味語効果（lexical status effect）との間の交互作用が認められるという報告（たとえば，Besner & McCann, 1987）や，非単語における不鮮明化効果は，非単語の単語との類似度に影響されるとする報告（Kinoshita, 1987），さらには必ずしも頻度効果と不鮮明化効果は交互作用しない，すなわち加算的とは限らないとする報告（Hino & Lupker, 1996; Norris, 1984; Wilding, 1988）がある。

　上記の諸研究の結果や，表層的側面から頻度をとりあげると刺激の鮮明度は加算的ではなく交互作用することが明らかになった本実験の結果は，次のように説明することが可能である。すなわち，第Ⅱ部で繰り返し主張してきたように，頻度効果を頻度の表層的側面と深層的側面という2側面による効果であると捉えた上で，表層的側面は鮮明度と交互作用し，もう一方の深層的側面はそれとは異なった形で鮮明度と関係すると考えるのである。本実験では，頻度の表層的側面が大きいと不鮮明化の影響は小さく，表層的側面が小さいとその影響は大きかった。そこで，もう一方の効果である頻度の深層的側面と刺激の鮮明度との関係については，次の実験で検討することにする。

　もし，頻度の深層的側面が鮮明度と交互作用し，頻度の深層的側面が高い場合は低い場合より不鮮明化効果が大きければ，頻度の両側面を加算したと仮定される頻度の要因と不鮮明化の要因間の関係は，打ち消しあうことになるであろう。その結果，頻度の表層的側面の高い単語と低い単語における不鮮明化効果の差と，頻度の深層的側面の高い単語と低い単語における不鮮明化効果の差は同程度になるであろう。あるいは，もし頻度の深層的側面と鮮明度とが加算的な関係となっても，頻度の表層的側面の要因と鮮明度の要因の間の交互作用を弱める方向へと作用することになり，結果として頻度の要因と鮮明度の要因の交互作用を現われにくくするであろう。このように，頻度のそれぞれの側面と不鮮明化効果の差の大きさによって，頻度と鮮明度には交互作用が生じたり生じなかったりすると考えることによって，頻度と不鮮明化の交互作用の変動

を説明することができるのではないだろうか。

## 第7節 頻度の2側面が不鮮明化効果に及ぼす影響 (研究17)

### ◆問題◆

　本研究では，頻度と表記と鮮明度の3つの要因を操作し，これまで認められてきた頻度と鮮明度との間の交互作用の有無は，頻度の表層的側面と鮮明度の交互作用と，頻度の深層的側面と鮮明度の交互作用のあり方が異なったために生じたものであるという仮説を検討する。前節において，頻度の表層的側面と刺激の鮮明度が交互作用し，表層的側面からみた頻度の高い場合は低い場合より刺激の鮮明度の効果が大きいとする結果を得たが，本節でもし頻度の深層的側面と刺激の鮮明度が交互作用し，深層的側面からみた頻度の高い場合は低い場合より鮮明度の効果が小さければ，あるいは両要因間の関係が加算的であれば，上記の仮説は支持されることになる。なお，ここでは頻度の深層的側面を単語と表記の親近性の低いひらがな表記の外来語（たとえば，高頻度語として"てれび"，低頻度語として"ろでお"）を用いて検討する。また，カタカナ表記の外来語もあわせて用いることによって頻度の表層的側面と鮮明度の関係についても前節の結果を再吟味する。

### ◆方法◆

**被験者**

　大学生34名（男子15名，女子19名）が本実験に参加した。被験者の年齢範囲は20歳3ヶ月から23歳9ヶ月，平均は21歳8ヶ月であり，正常な視力あるいは矯正視力を有するものであった。なお，本実験の被験者は研究16には参加していない。

**装置および刺激**

　刺激の提示には研究16と同様の装置が用いられた。刺激語は，刺激材料として，天野・近藤（2000）より高頻度語として単語頻度（log10[n]）が3.7以上の外来語を80語，低頻度語として単語頻度（log10[n]）が1以上2以下の外来語80語を選出した。また，非単語として単語との類似度が低い文字列を林

(1976) の「ノンセンスシラブル新規準表」を参考に72の文字列を作成した。選出された単語と作成した非単語の文字数は3から6文字の範囲にあり，各頻度語群間でマッチングされた。これらの3つの語群のそれぞれをランダムに2分割し，半分の単語（あるいは非単語）に対して次に述べるような不鮮明化を施し，残り半分については鮮明なままにしたリストと，不鮮明／鮮明に関して反転させたリストを作成した。

### 手続き

研究16と同様の手続きが用いられたが，次の点において異なっていた。まず，ターゲットとなる単語の提示順序は，綴りの表記（ひらがな／カタカナ）と鮮明度（鮮明／不鮮明）および頻度（高頻度／低頻度）に関してランダムにされた。なお，研究16と同様，本番実験の前には，被験者が手続きに習熟するよう20試行からなる練習試行を行なった。また，本実験の実施に際して，50試行ごとに3分間のインターバルを挿入した。実験に要した時間は被験者1人あたり約30分であった。

### ◆ 結果 ◆

全被験者の正反応を結果の整理の対象とした。各被験者の平均反応時間および誤反応率を算出した結果を表8−6に示した。平均反応時間に関して，鮮明度，頻度，および表記の3要因分散分析（いずれも被験者内要因）を行なったところ，不鮮明化の主効果，頻度の主効果，および表記の主効果が有意であった（$F(1,33) = 162.65, p<.01; F(1,33) = 171.40, p<.01; F(1,33) = 161.24, p<.01$）。また，頻度と表記の両要因間の交互作用が有意であった（$F(1,33) = 20.31, p<.01$）。鮮明度と表記の両要因間の交互作用には有意な傾向が認められた（$F(1,33) = 3.43, p<.10$）。鮮明度と頻度の交互作用は有意ではなかった（$F(1,33) = 1.03, ns$）。鮮明度，頻度，表記の3要因間の交互作用は有意であった（$F(1,33) = 5.29, p<.01$）。

2次の交互作用が有意であったため，まず，高頻度語のみを刺激として用いた前実験の結果を再確認するために，高頻度語と低頻度語とに分けて鮮明度と表記の2要因の分散分析を行なった。その結果，高頻度語では鮮明度および表記の主効果が有意であった（$F(1,33) = 163.62, p<.01; F(1,33) = 160.63, p<.01$）。

◆表8-6 各条件における平均反応時間（ミリ秒）と誤反応率（%）（研究17）

| | 不鮮明 | | 鮮明 | |
|---|---|---|---|---|
| | 反応時間 | 誤反応 | 反応時間 | 誤反応 |
| カタカナ | | | | |
| 高頻度 | 698.2 (62.7) | 2.7 (3.9) | 599.8 (45.7) | 1.5 (3.2) |
| 低頻度 | 838.7 (106.7) | 11.9 (8.79) | 704.4 (72.9) | 5.6 (7.3) |
| ひらがな | | | | |
| 高頻度 | 852.8 (108.7) | 9.6 (9.6) | 706.3 (76.3) | 5.9 (7.0) |
| 低頻度 | 919.6 (135.6) | 19.0 (13.9) | 786.6 (87.1) | 13.7 (10.9) |

＊カッコ内は標準偏差

　また，両要因の交互作用も有意であった（$F(1,33) = 11.40, p<.01$）。単純主効果の検定を行なったところ，ひらがな表記でもカタカナ表記でも鮮明度の効果が有意であった（$F(1,33) = 106.55, p<.01; F(1,33) = 116.35, p<.01$）。一方，低頻度語では鮮明度および表記の主効果が有意であった（$F(1,33) = 104.86, p<.01; F(1,33) = 71.93, p<.01$）が，両要因の交互作用は有意ではなかった（$F(1,33) = 0.00, ns$）。したがって，前実験の高頻度語における鮮明度と表記の交互作用は頑健なものであることが確認でき，鮮明度と頻度の表層的側面はその所在が同じであることが改めて示唆されたが，低頻度語ではその交互作用が認められなかったことになる。

　次に本実験の中心的課題である鮮明度と頻度の深層的側面の関係を明らかにするために，表記の要因の水準ごとに鮮明度と頻度の2要因分散分析を行なった。その結果，ひらがな表記の場合，鮮明度および頻度の主効果が有意であった（$F(1,33) = 114.99, p<.01; F(1,33) = 71.65, p<.01$）が，鮮明度と頻度の両要因の交互作用は有意ではなかった（$F(1,33) = 0.80, ns$）。一方，カタカナ表記の場合，鮮明度および頻度の主効果が有意であり（$F(1,33) = 121.78, p<.01; F(1,33) = 156.83, p<.01$），両要因の交互作用も有意であった（$F(1,33) = 5.29, p<.05$）。カタカナ表記において交互作用が有意であったので単純主効果の検定を行なった結果，高頻度語においても低頻度語においても鮮明度の主効果が有意であった（$F(1,33) = 116.35, p<.01; F(1,33) = 69.14, p<.01$）。

　これらの結果をまとめると，全体としては鮮明度と頻度との交互作用は認められなかったことになる。また，ひらがな表記の外来語を用いて検討した頻度

の深層的側面に関しても鮮明度との交互作用は認められなかったが，表層的側面と深層的側面の両面をもつカタカナ表記の外来語の場合には鮮明度との交互作用が認められた。

◆ 考察 ◆

日本語表記システム特有の問題から生じた表記の親近性という考え方から，視覚的単語認知における頻度効果が頻度の表層的側面と深層的側面と呼ぶことのできる2つの側面からなる複合的効果であるという可能性を，本実験では不鮮明化効果を用いて検討した。

研究16では，鮮明度と頻度の表層的側面の交互作用の有無を検討した。従来から得られている研究結果の多くは，鮮明度と頻度とは交互作用しないというものであった。もしそうであるならば，鮮明度と頻度の表層的側面が交互作用しない場合，鮮明度と頻度との関係が鮮明度と頻度の表層的側面とで同じ性質をもつことになり，頻度の表層的側面は頻度効果と所在を一にする可能性が高まると考えた。しかし，実際には鮮明度と頻度の表層的側面の間に交互作用が認められ，頻度の表層的側面は頻度の一部とみるよりも，むしろ鮮明度と関係するという可能性が示唆された。そして，それによって頻度と鮮明度が交互作用するという一部の研究結果も説明できる可能性が考えられた。

一方，本実験では，頻度の表層的側面に加えて深層的側面についても鮮明度との交互作用を検討した。頻度の深層的側面を単語と表記の親近性の低い状態におけるもとの単語の頻度と操作的に定義して，ひらがな表記の外来語を用いて検討したところ，深層的側面からみた頻度の高い単語と低い単語から，鮮明度の影響を同程度に受けることが明らかとなった。また，頻度の表層的側面を単語と表記の親近性の高低と操作的に定義して，ひらがな表記の外来語とカタカナ表記の外来語の2水準を設けた。高頻度語におけるこれら2水準の差が表層的側面からみた頻度差を顕著にあらわすことになるが，そこでは研究16と同様に表層的側面からみた頻度の高い単語は低い単語より鮮明度の影響が小さかった。したがって，本実験の結果は，予想されたとおり頻度の表層的側面と深層的側面は鮮明度に対して独自の関係をもつことを示したことになる。これにより，頻度効果は頻度の表層的側面と深層的側面の複合的効果であり，それ

ぞれが視覚的単語認知における独自の所在に影響を及ぼしているという第Ⅱ部の考えが支持された。さらに，頻度効果が鮮明度と交互作用しないという研究結果や交互作用するという研究結果が混在した理由を，これら頻度の2側面の影響が異なっているために生じたと説明することが可能となる。

# 第9章 総合的考察

## 第1節 総合的考察

　日本語のリーディングに関する基礎的な認知研究は，その分類の適切性はともかく，表意文字と表音文字という対立，すなわち漢字とかな文字あるいはローマ字のアルファベットとの対立という図式の中で行なわれてきたことは否定できない。そこではテキストのリーディング課題や視覚的単語認知課題における遂行成績の差について，漢字やかな文字といった言語学上の特徴による説明が試みられたのである。その結果，漢字の表意性とかな文字の表音性の過度な主張が優勢になり，漢字単語の視覚的単語刺激としての役割の過大評価，およびかな単語の視覚的単語刺激としての役割の過小評価をもたらした。

　この背景には，中国や日本あるいはその他の諸国において漢字を特別視する傾向があり，これは表意文字の迷信（DeFrancis, 1984）と呼ばれているものである。これによって日本における読書障害児の発生率が顕著に低い原因が日本の表記システムにあるとする言語学的に説得力のある主張がなされ，そのまま十分に吟味されることなく諸外国にも受け入れられることになった。そして，このような研究結果が日本の表記システムの特殊性を検討する研究を触発し，国内外の研究者によって，日本の表記システムの中でも特に漢字を用いた視覚的単語認知研究が精力的に行なわれるという結果になったのである。しかし，表記システムは自国の話しことばに適合させて発展してきたものであり，それが読書障害児の発生率の多寡という心理学的現象に直接関与しているという主張に疑問がないわけではない。そこでまず，日本の読書障害児の発生率の問題について，第2章第1節において再検討した。その結果，日本の読書障害児の発生率は欧米で調査された結果と大差のないことが明らかとなり，日本の表記

システムと読書障害児の発生率を関連づけて考える根拠が希薄であることがわかった。これによって，日本の表記システムや表記文字がリーディングにおける心理学的プロセスに特別な影響を及ぼすという主張に反論した。

近年のリーディングにおける発達的研究では，リテラシーの出現は就学前からいろいろな形態で認められることが示されている（Shonkoff & Phillips, 2000）。そのため，リテラシーの発達は公教育が開始される以前にはじまっているという点に関心が向けられ，どのような技能が後のリーディングに影響するのかが検討されつつある。そして，後のリーディング成績にとって重要な技能は，符号関連技能（code-related skill）と話しことば技能（oral language skill）に大別されると考えられている。符号関連技能には，音韻意識，文字の命名，音韻的符号化などが含まれ，話しことば技能には，語彙（受容と表出），文法や意味の知識，物語理解の過程が含まれる。そして，これら2つの領域が独立して後のリーディングに関連するとされている（Storch & Whitehurst, 2002）。これらの研究の主眼は，いつ，どのようにこれらの両技能がリーディングの獲得に影響しだすのかについてであり，それによって，リーディングの発達のメカニズムやリーディングの発達を促進するために利用可能なアセスメントや介入方法を明らかにしていこうとするものである。

このような考え方は，本書における頻度の2側面という考え方と関連づけると興味深い。頻度の2側面という考え方においては，単語を構成する綴りや文字を経験する頻度である表層的側面と，その単語の音韻や意味を経験する頻度である深層的側面から頻度を考えた。この考え方を単語の読みの獲得という側面から捉えると，話しことば技能の1つである語彙の受容や表出と単語の視覚的認知との関係は，深層的側面が共通して関わる問題であると考えることができる。また，符号化関連技能は表層的側面との関連がうかがえる。

Goswami（2001）は，話しことばにおける語彙の豊富さがリーディングに影響するとしており，このことは特に深層的側面のリーディング技能における重要性が教育心理学的研究からも示唆される。実際，Scarborough（1998）は，幼稚園在園時におけるリーディング技能の予測因子として，文字同定といった文字に関する知識だけでなく，絵画命名もリーディングの成績と中程度の相関をもつことをみいだしている。また，Schatschneider et al.（2004）では，幼

稚園在園時における物の命名と小学校入学後の単語命名との間に.63の相関のあることを示し，さらに，Catts et al.（1999）は，就学前の子どもの話しことばと小学生時の子どものリーディングとの間に関係があることをみいだしている。

　また，このように話しことばとリーディングとの間の強い関係を示した諸研究は，読書障害児の発生率が，日本と欧米とで異なるというMakita（1968）の研究結果より，第Ⅰ部で示したように，日本と欧米とで異ならないという研究結果と符合する。また，第Ⅱ部において仮定したように，書きことばとしての単語には深層的側面と表層的側面があり，話しことばは書きことばの深層的側面と関与すると考えることによって説明できるであろう。

　ところで，視覚的単語認知における漢字単語とかな単語の処理の違いに関する諸研究においても，漢字単語とかな単語の処理が異なると結論づけるのに十分なだけの検討が行なわれているとはいえない。それにもかかわらず漢字単語とかな単語では単語を構成する表記文字に関する言語学的な性質が異なるという前提から，それらの処理も異なるという主張が比較的安易に受け入れられ，漢字とかな文字を用いた視覚的単語認知研究における方法論上の問題点が検討されてこなかった。これまでは同音同義の単語の場合に漢字とかな文字という表記の違いによって単語認知課題の遂行成績が異なることを示す実験データ（たとえば，齋藤，1981）が，これら両表記の単語認知プロセスが異なるという主張の根拠となっていた。しかし，両表記の単語は表記と単語との親近性においても異なっていたのである（広瀬，1984, 1985）。すなわち，従来の研究では前述のエティックなアプローチを採用したために，ある単語が漢字で表わされるか，かな文字で表わされるかという表記文字の要因と，ある単語がどちらの表記文字で表わされることが一般的で親近感があるかという表記の使用法の要因が混同されていたのである。そこで，第2章第2節においては，表記文字の使用法という観点から単語認知課題で用いられる刺激の表記と単語の親近性を要因に加えることによって，従来の漢字単語とかな単語の認知課題における遂行成績の差違を説明できることを実証した。

　すなわち表記の親近性によって漢字単語とかな単語の処理の違いを説明することが可能であることを示し，表記文字差研究における本研究の立場の重要性

を主張した。

　第3章では，第2章第2節の結果を受けて，これまでの研究でレキシカル・アクセスにおける音韻的符号化の必要性が主張されてきたかな単語を用い，単語と綴りの親近性の要因が日本人の視覚的単語認知にどのような影響を及ぼしているかを，綴り深度仮説（orthographic depth hypothesis）の検証に用いられた実験手続きを援用して検討した。綴り深度仮説とは，スペルと音との対応の一貫性あるいは複雑さの程度によって二重ルートモデルにおけるいずれのルートが用いられるのかが決まるという考え方である。この考え方もまた言語学上の特徴が心理学的プロセスに影響するとしている。従来，この仮説の検討には命名課題に及ぼす意味プライミング効果が主として用いられてきた。第3章の実験では表記の親近性の異なる2種類の単語が命名課題においてそれぞれ異なる意味プライミング効果を示すかどうかを検討した。その結果，深度の浅い綴りに分類され，単一の語彙処理ルートが想定されていたかな単語においても，表記の親近性の高低によって視覚的単語認知における語彙処理ルートに違いが生じる可能性が明らかにされたのである。

　第4章では，1文字や2文字からなるひらがなおよびカタカナの文字または文字群を提示し，それらを刺激として連想される単語や熟語を調査した。ひらがな文字（群）とカタカナ文字（群）の両刺激に対する連想語に差異が認められるとすれば，日本人の言語連想においては表記文字に関する情報が重要な手がかりになっていることを示すことができる。それらの結果，表音文字に分類されるかな単語の断片においても，表記が音に関する情報と同等以上に重要な役割を担っていることが裏づけられた。

　以上第Ⅰ部で論じた主な問題は次の3点にまとめることができる。1）従来の研究においては表記形態が語彙処理に及ぼす効果を示す十分な実験的資料は得られていない。2）これまで表記形態の効果であると考えられてきたものは表記の親近性効果であり，表記の親近性の高低が語彙処理に影響している。3）かな単語であっても表記文字に関する情報が語彙記憶に表象されており，かなという表音文字であっても，意味的に中性的であるとはいえない。

　第Ⅱ部では，第Ⅰ部で明らかにした単語と表記の親近性という考え方を利用して，視覚的単語認知課題に重要な影響を与える変数の1つである頻度を表層

的側面と深層的側面という2側面から捉え，実験的にその2側面の単語認知課題に及ぼす影響を明らかにした。まず，第5章ではこれまで視覚的単語認知研究において頻度効果が単一のメカニズムで捉えられてきたが，このような頻度効果の説明には問題があることを論じた。その上で，頻度を表層的側面と深層的側面という2側面で捉え，それらが複合的に作用したものが頻度効果として現われるという考え方を提案した。そして，この考えを検証するには日本語における単語と表記の親近性を利用するのが最適であると主張した。

第6章および第7章では，視覚的単語認知課題において頻度の表層的側面と深層的側面が反応時間に影響することを確認した。第6章における研究8の語彙判断課題では，カタカナ表記の外来語とひらがな表記の外来語のいずれの反応時間にも頻度効果が認められ，さらに前者の頻度効果は後者のそれより大きかった。

すなわち，頻度の深層的側面のみをもつひらがな表記の外来語より，頻度の表層的側面と深層的側面の両側面をもつカタカナ表記の外来語の方がより大きな頻度効果を示した。このことから語彙判断課題においては，頻度効果に頻度の2側面がともに関与している可能性が示唆された。一方，研究9および研究10の命名課題では，両表記語の頻度効果が等しく，命名課題には頻度の深層的側面のみが関与していることが示唆された。そして，語彙判断課題と命名課題における頻度効果に及ぼす頻度の2側面の影響の仕方が異なるという結果は，従来からみいだされてきたように両課題間で頻度効果の大きさが異なるという現象の原因と考えることができると議論した。

続く第7章では，命名課題における頻度効果に頻度の深層的側面のみが関与するという前章の研究9および研究10で示唆された結果を，刺激リスト構成という観点から再検討した。研究11では，命名課題の刺激リストとして語彙判断課題と同様に非単語を混入させた。特にここでは，非単語の中でも単語との類似性が低い非単語を用いたところ，研究9および研究10では認められなかった表記と頻度の交互作用が認められた。

したがって，頻度の深層的側面のみが影響すると仮定されるひらがな表記の外来語の頻度効果は，頻度の2側面が影響すると仮定されるカタカナ表記の外来語の頻度効果より小さかった。この結果から，命名課題でも被験者の構えを

変化させることによって，頻度の2側面の存在が確認されたことになる。さらに研究12では，単語との類似度の高い非単語を用いたところ，研究11で認められた表記と頻度の交互作用が再確認された。ただ，頻度の深層的側面が影響すると仮定されるひらがな表記の外来語では頻度効果が消滅した。一方，頻度の2側面が影響すると仮定されるカタカナ表記の外来語では研究10や研究11と同程度の頻度効果が認められた。これらの結果から頻度の深層的側面は被験者の構えや処理方略の影響を受けやすいことが明らかとなった。これらの結果から，命名課題で表記と頻度の交互作用が認められなかったという第6章の研究9および10の結果をもたらした原因はリスト構成によるものであることが明らかとなった。

さらに，ここまでの研究では外来語と非単語を命名課題で用いたが，研究13では通常のリーディング事態に近づけるため，外来語と日本語からなるリストを用いた命名課題を被験者に課した。

その結果，外来語で表記と頻度の交互作用が認められ，頻度の2側面のどちらもが通常のリーディング事態により近い状態においても遂行成績に影響することが明らかとなった。したがって，第7章における諸実験の結果，命名課題においても頻度の2側面の存在が示されたといえる。

第8章では，視覚的単語認知課題において確認されている反復効果と不鮮明化効果に焦点を当て，頻度の2側面との関わりを検討した。頻度の2側面とそれらの効果が独自の関わりをもつことが示されれば，頻度を2側面で捉えることの妥当性が確認されると考えたからである。また同時に，そうすることによって頻度とそれらの効果の関係の説明に有益な知見を提供できると考えたからである。研究14では頻度の表層的側面と反復の両要因の関係を検討した結果，反応時間にはこれら2つの要因の交互作用が認められることが明らかとなった。

研究15では，頻度の2側面と反復との関係を検討するために，頻度，反復，および表記の要因間の関係を明らかにした結果，従来の研究で示されてきた頻度と反復との交互作用は，頻度の表層的側面と深層的側面という2つの頻度の複合的効果であったために生じたものであることがわかった。

すなわち，反復に対して頻度の深層的影響が加算的に，頻度の表層的影響が

交互作用的に働いた結果として現われたということができる。この実験からは，反復効果との関わりの異なる2つの頻度効果，すなわち頻度の表層的側面による影響と頻度の深層的側面による影響の存在が示され，さらにそれぞれの影響が，反復効果との関係からみれば，異なった関わりをもつことが示唆されたのである。

　研究16では頻度の表層的側面と鮮明度の両要因の関係を検討した結果，反応時間には交互作用が認められることが明らかとなった。

　研究17では，頻度の2側面と鮮明度との関係を検討するために，頻度，鮮明度および表記の要因間の関係を明らかにしたところ，頻度と鮮明度との関係が，頻度の表層的側面と深層的側面という2つの頻度と鮮明度との複合的作用に依存したものであると考えられた。すなわち，鮮明度に対して頻度の深層的影響が加算的に，頻度の表層的影響が交互作用的に働いた結果として現われたものであるといえる。そして，従来の研究で示されてきたような頻度と鮮明度との交互作用の現われ方における不安定さの原因が，このような影響の結果である可能性について言及した。

　このように，第8章の諸実験から，視覚的単語認知課題で認められている代表的な効果である反復効果と不鮮明化効果は，それらと関わりの異なる2つの頻度効果，すなわち頻度の表層的側面による影響と頻度の深層的側面による影響を受け，さらに2側面が反復や鮮明度という要因と独自の関係をもつものであることが示された。

　さて，ここまで本書の研究をまとめ，考察してきたが，本書の諸研究はどのような貢献をできるのであろうか。

　まず，現在の単語認知モデルでは，すでに述べたように頻度効果は説明されている。しかし，頻度効果を単一のメカニズムで説明しており，頻度の2側面をどのようにして説明できるのか明確ではない。第Ⅱ部で明らかにされた頻度の2側面の存在は，既存の単語認知モデルを洗練化する，あるいは新しい単語認知モデルを構築する上で，頻度効果の説明にうまく組み込んでいくべきものであることを示している。

　また，言語材料を用いた実験的研究でしばしば規準表が刺激の統制に用いられるが，それぞれの規準表がどのように作成されたのかということと，どのよ

うな実験条件で用いるのかということが対応していなければならないことが示唆される。たとえば，カタカナで表記された単語に対する評定によって作成された規準表を用いて，ひらがな表記での提示や聴覚提示による実験刺激の統制を行なうには問題があるということである。この場合，深層的側面は統制できているかもしれないが，表層的側面は統制できていないことになる。今後，言語材料を用いた実験的研究を行なう上で注意すべき点といえるであろう。

さらに，近年の実験神経心理学的研究では，単語の認知は左半球優位であるにもかかわらず，頻度という要因は左右半球の視覚的単語認知に対して同程度に影響することがみいだされている。たとえば，Coney (2005) は，頻度の要因を7水準に設定して頻度と視野差を検討した結果，反応時間と誤反応のいずれについても両要因は加算的な関係であり，両大脳半球で頻度効果が生じていることを示唆している。このような結果を説明するために，頻度の2側面という考え方を用いることができる可能性がある。すなわち，頻度の深層的側面は左半球に影響し，頻度の表層的側面は右半球に影響するという考え方である。本来，言語刺激の認知における左半球優位は深層的側面と関連する話しことばでもみられる現象である。一方，形態の認知と関わる右半球は，綴りに対する視覚的経験の影響が現われると考えることに無理はない。

以上本節で述べたように，頻度の2側面という視点は，単語の視覚的認知研究におけるモデルの構築，発達心理学的研究におけるリテラシーの獲得の問題，および神経心理学的研究における言語処理の大脳半球機能差といった話題とも密接に結びつくものであり，今後このような視点からの頻度効果を捉えていくことが言語を扱う心理学的研究にとって有効であると考えられる。

## 第2節 今後の課題

本研究の目的は，日本語の表記文字自体の特徴ではなく，表記文字の使用法という側面が心理学的プロセスに及ぼす影響を，主として実験的手法を用いて検討し，それによって話しことばとは異なる書きことば独自の単語の機能の存在を主張することであった。ただし，ここでは日本語で用いられるすべての種類の文字について検討するのではなく，いずれも音節文字と分類されるひらが

な文字とカタカナ文字によって綴られる2種類の単語を主として用いることにより研究を進めていった。あえて日本語の特徴の1つである漢字を本研究の中心的な課題にしなかった理由は，言語学上からも1文字で意味を表わしやすいと考えられている漢字だけではなく，表音性が主張されてきたかな文字においても，音を表象するだけではない書きことば独自の表記の機能が存在することを主張したいと考えたためである。また，明らかに音節文字とみなされるこれら2種類のかな文字を用いることにより，従来行なわれてきたような日本語における表記文字自体の特徴とそれらの使用法の特徴が結果の解釈において混同される可能性を避けることができ，各文字の使用法という側面が心理学的プロセスに及ぼす影響を明確にできると考えたからである。このような材料を主として用いることにより，本研究では音節文字を用いた書きことばは，単に話しことばの音の部分を記録した記号の羅列にすぎないのか，それとも音節文字であっても音の組み合わせを表現する以上の役割を果たしうるのかという問題を検討することができた。ただ，本研究で示された結果の普遍性をさらに確認するためには，漢字も含めた検討が不可欠であろう。実際，漢字を用いた単語にも深層的側面からみた頻度のみではなく，表層的側面からみた頻度の高低も存在する。浮田ら（1996）は，"煙草""たばこ""タバコ"のように漢字，ひらがなおよびカタカナで表記される多くの単語について，どの表記でよく見かけるのかという表記の主観的頻度を調査し，単語内ではあるが本研究で表層的側面と呼んだものに近い基準表を作成している。このようなものを用いることにより，視覚的単語認知における表記の役割や，頻度の表層的側面や深層的側面の解明が進むものと思われる。

　第II部では，頻度効果という問題を扱うにあたって，頻度という要因について高頻度，低頻度という2水準を設定し，反応時間や誤反応率に及ぼす効果を検討してきた。本研究では，頻度効果が生じるか否か，あるいはそれが大きいか小さいかを検討するという点に重点をおいたため，そのような操作を行なった。しかし，実際には頻度は連続的に変化する変数であるため，高低という2水準を設定するだけでは不十分であるとも考えられる。また，この点については，第I部で単語と表記の親近性と呼び，第II部では頻度の表層的側面と呼んだ変数についても同様のことがいえるであろう。特に，本書では触れること

のできなかった頻度効果の本質について検討しようとする場合には，この点に十分留意する必要があると思われる。また，本書では十分に言及できなかった，Seidenberg & McClelland (1989) や Plaut et al. (1996) をはじめとする発展途上の数多くのコネクショニストモデルとそれらに対立するローカリストモデルである DRC モデル (dual-route cascaded model: Coltheart et al., 1993; Coltheart et al., 2001) において，頻度の2側面をいかに説明できるのか，あるいはできないのであればどのようなオプションが考えられるのかを検討する必要もあろう。

最後に，本研究における頻度の表層的側面と深層的側面という捉え方は，視覚的単語認知においてのみに適用されるものではない。私たちが，さまざまなモダリティを通して繰り返し経験するであろう対象の認知すべてに関わっている視点である。その場合，表層的側面とは，同じモダリティ，同じ形態による認知の経験という側面であり，深層的側面とは，モダリティや形態を越えた経験という側面であるといえよう。これら2側面がともに影響して対象の認知が行なわれるのであり，そのメカニズムを明らかにしていくことが今後の課題として残されている。

## 引用文献

Allport, A. 1979 Word recognition in reading: A tutorial review. In P. A. Kolers, H. Bouma & M. Wrolsted (Eds.) *Processing of visible language.* New York: Plenum Press. Pp.227-257.

Amano, S., Kondo, T. & Kakehi, K. 1995 Modality dependency of familiarity ratings of Japanese words. *Perception & Psychophysics,* 57, 598-603.

天野成昭・近藤公久　2000　頻度　NTTデータベースシリーズ日本語の語彙特性　第7巻　三省堂

Andrews, S. 1982 Phonological recoding: Is the regularity effect consistent? *Memory & Cognition,* 10, 565-575.

Balota, D. A. & Chumbley, J. I. 1984 Are lexical decisions a good measure of lexical access? The role of word-frequency in the neglected decision stage. *Journal of Experimental Psychology: Human Perception and Performance,* 10, 340-357.

Balota, D. A. & Chumbley, J. I. 1985 The locus of word-frequency effects in the pronunciation task: Lexical access and/or production? *Journal of Memory and Language,* 24, 89-106.

Balota, D. A. & Chumbley, J. I. 1990 Where are the effects of frequency in visual word recognition tasks? Right where we said they were! Comment on Monsell, Doyle, and Haggard 1989 *Journal of Experimental Psychology: General,* 119, 231-237.

Balota, D. A., Pilotti, M. & Cortese, M. J. 2001 Subjective frequency estimates for 2, 938 monosyllabic words. *Memory & Cognition,* 29, 639-647.

Baluch, B. & Besner, D. 1991 Visual word recognition: Evidence for strategic control of lexical and nonlexical routines in oral reading. *Journal of Experimental Psychology: Learning, Memory & Cognition,* 17, 644-652.

Baron, J. 1973 Phonemic stage not necessary for reading. *Quarterly Journal of Experimental Psychology,* 25, 241-246.

Baron, J. & Strawson, C. 1976 Use of orthographic and word-specific knowledge in reading words aloud. *Journal of Experimental Psychology: Human Perception and Performance,* 2, 386-393.

Barron, R. W. 1980 Visual and phonological strategies in reading and spelling. In U. Frith (Ed.) *Cognitive processes in spelling.* London: Academic Press. Pp.195-213.

Bartlett, F. G. 1932 *Remembering: A study in experimental and social psychology.* New York: Cambridge University Press.

Barton, A. H. & Wilder, D. E. 1964 Research and practice in the teaching of reading: A progress report. In M. B. Miles (Ed.) *Innovation in education.* New York: Bureau of Applied Research, Columbia University.

Becker, C. A. 1976 Allocation of attention during visual word recognition. *Journal of Experimental Psychology: Human Perception and Performance,* 2, 556-566.

Becker, C. A. 1979 Semantic context and word frequency effects in visual word recognition. *Journal of Experimental Psychology: Human Perception and Performance,* 5, 252-259.

Becker, C. A. 1980 Semantic context effects in visual word recognition: An analysis of semantic strategies. *Memory & Cognition,* 8, 493-512.

Becker, C. A. & Killion, T. H. 1977 Interaction of visual and cognitive effects in word recognition. *Journal of Experimental Psychology: Human Perception and Performance,* 3, 389-401.

Berent, I. & Perfetti, C. A. 1995 A rose is a REEZ: The two-cycles model of phonology assembly in reading English. *Psychological Review,* 102, 146-184.

Besner, D. 1983 Basic decoding components in reading: Two dissociable feature extraction processes.

*Canadian Journal of Psychology,* 37, 429-438.
Besner, D. 1987 Phonology, lexical access in reading, and articulatory suppression: A critical review. *Quarterly Journal of Experimental Psychology: Human Experimental Psychology.* 39A, 467-478.
Besner, D. 1990 Does the reading system need a lexicon? In D. A. Balota, G. B. Flores d' Arcais & K. Rayner (Eds.) *Reading comprehension processes.* Hillsdale, NJ: Lawrence Erlbaum Associates. Pp.73-99.
Besner, D. 1999 Basic processes in reading: Multiple routines in localist and connectionist models. In R. M. Klein & P. A. McMullen (Eds.) *Converging Methods for Understanding Reading and Dyslexia.* Cambridge, MA: MIT Press.
Besner, D. & Davelaar, E. 1983 Pseudohomofoan effects in visual word recognition: Evidence for phonological processing. *Canadian Journal of Psychology,* 37, 300-305.
Besner, D. & Hildebrandt, N. 1987 Orthographic and phonological codes in the oral reading of Japanese Kana. *Journal of Experimental Psychology: Learning, Memory, and Cognition,* 13, 335-343.
Besner, D. & McCann, R. S. 1987 Word frequency and pattern distortion in visual word identification and production: An examination of four classes of models. In M. Coltheart (Ed.) *Attention and Performance, XII.* London: Lawrence Erlbaum Associates. Pp.201-219.
Besner, D. & Smith, M. C. 1992 Basic process in reading: Is the orthographic depth hypothesis sinking? In R. Frost & L. Katz (Eds.) *Orthography, phonology, morphology, and meaning.* Amsterdam: North-Holland. Pp.45-66.
Bias, R. G. 1979 Phonological recoding of words in isolation and prose. *Dissertation Abstracts International,* 39 (7-B), 3550.
Bias, R. G. & McCusker, L. X. 1980 Phonological recoding in lexical decision at recognition threshold. *Journal of Reading Behavior,* 12, 5-21.
Bock, J. M., Monk, A. F. & Hulme, C. 1993 Perceptual grouping in visual word recognition. *Memory & Cognition,* 21, 81-88.
Borowsky, R. & Masson, M. E. J. 1996 (November) *Frequency effects in word and pseudohomophone naming.* Poster presented at the annual meeting of the Psychonomic Society, Chicago.
Borowsky, R. & Masson, M. E. J. 1999 Frequency effects and lexical access: On the interpretation of null pseudohomophone base-word frequency effects. *Journal of Experimental Psychology: Human Perception and Performance,* 25, 270-275.
Bowers, J. S. 2000 The modality-specific and nonspecific components of long-term priming are frequency sensitive. *Momory & Cognition,* 28, 406-414.
Broca, P. 1861 Remarques sur le siège de la faculté du langage articulé, suivie d'une observation d'aphémie. *Bulletin de la Société Anatomique,* 6, 330-357.
Brown, G. D. A. & Watson, F. L. 1987 First in, first out: Word learning age and spoken word frequency as predictors of word familiarity and word naming latency. *Memory & Cognition,* 15, 208-216.
Brown, P., Lupker, S. J. & Colombo, L. 1994 Interacting sources of information in word naming: A study of individual differences. *Journal of Experimental Psychology: Human Perception and Performance,* 20, 537-554.
Bryden, M. P. 1966 Left-right differences in tachistoscopic recognition: Directional scanning or cerebral dominance. *Perceptual and Motor Skills.* 23, 1127-1134.
Bryden, M. P. & Rainey, C. A. 1963 Left-right differences in tachistoscopic recognition. *Journal of Experimental Psychology,* 66, 568-571.

Bub, D., Cancelliere, A. & Kertesz, A. 1985 Whole-word and analytic translation of spelling to sound in a non-semantic reader. In K. E. Patterson, J. C. Marshall & M. Coltheart (Eds.) *Surface dyslexia*. London: Lawrence Erlbaum Associates.

Buchanan, L. & Besner, D. 1995 Reading aloud: Evidence for the use of a whole word nonsemantic pathway. In J. M. Henderson, M. Singer & F. Ferreira (Eds.) *Reading and language processing*. Hillsdale, NJ: Lawrence Erlbaum Associates. Pp.5-24.

Carello, C., Lukatela, G. & Turvey, M. T. 1988 Rapid naming is affected by association but not by syntax. *Memory & Cognition*. 16, 187-195.

Carroll, J. B., Davies, R. & Richman, B. 1971 *The American Heritage word frequency book*. Boston, MA: Houghton-Mifflin.

Carroll, J. B. & White, M. N. 1973 Age-of acquisition norms for 220 picturable nouns. *Journal of Verbal Learning and Verbal Behavior*, 12, 563-576.

Carroll, M. & Kirsner, K. 1982 Context and repetition effects in lexical decision and recognition memory. *Journal of Verbal Learning and Verbal Behavior*, 21, 55-69.

Catts, H. W., Fey, M. E., Zhang, X. & Tomblin, J. B. 1999 Language basis of reading and reading disabilities. *Scientific Studies of Reading*, 3, 331-361.

Coltheart, M. 1978 Lexical access in simple reading tasks. In G. Underwood (Ed.) *Strategies of information processing*. London: Academic Press.

Coltheart, M. 1980 Reading, phonological recoding and deep dyslexia. In M. Coltheart, K. Patterson & J. C. Marshall (Eds.) *Deep dyslexia*. London: Routledge & Kegan Paul. Pp.197-226.

Coltheart, M. 1985 Cognitive neuropsychology and the study of reading. In M. I. Posner & S. M. Marin (Eds.) *Attention and Performance, XI*. Hillsdale, NJ.: Lawrence Erlbaum Associates.

Coltheart, M., Besner, D., Jonasson, J. T. & Davelaar, E. 1979 Phonological encoding in the lexical decision task. *Quarterly Journal of Experimental Psychology*, 81, 489-507.

Coltheart, M., Curtis, B., Atkins, P. & Haller, M. 1993 Models of reading aloud: Dual-route and parallel-distributed-processing approaches. *Psychological Review*, 100, 589-608.

Coltheart, M., Davelaar, E., Jonasson, J. T. & Besner, D. 1977 Access to the internal lexicon. In S. Dornic (Ed.) *Attention and performance, VI*. New York: Academic Press.

Coltheart, M., Patterson, K. & Marshall, J. C. 1980 *Deep dyslexia*. London: Routledge & Kegan Paul.

Coltheart, M., Rastle, K., Perry, C., Langdon, R. & Ziegler, J. 2001 DRC: A dual-route cascaded model of visual word recognition and reading aloud. *Psychological Review*, 108, 204-256.

Coltheart, V., Laxon, V. J. & Keating, C. 1988 Effects of word imageability and age of acquisition on children's reading. *British Journal of Psychology*, 79, 1-12.

Coney, J. 2005 Word frequency and the lateralization of lexical processes. *Neuropsychologia*, 43, 142-148.

Connine, C. M., Mullennix, J., Shernoff, E. & Yelen, J. 1990 Word familiarity and frequency in visual and auditory word recognition. *Journal of Experimental Psychology: Learning, Memory, and Cognition*, 16, 1084-1096.

Craik, F. I. M., Moscovitch, M. & McDowd, J. M. 1994 Contributions of surface and conceptual information to performance on implicit and explicit memory tasks. *Journal of Experimental Psychology: Learning, Memory, and Cognition*, 20, 864-875.

Davelaar, E., Coltheart, M., Besner, D. & Jonasson, J. T. 1978 Phonological recoding and lexical access. *Memory & Cognition*, 6, 391-402.

Dax, M. 1865 Lésions de la moitié gauhe de l'encéphale coincident avec l'oubli des signes de la pensée. *Gazzette hebdomadaire de Médecine et de Chirurgie*, 2, 259-262.

DeFrancis, J. 1984 *The Chinese language: Fact and fantasy.* Honolulu: University of Hawaii Press.
Dennis, I., Besner, D. & Davelaar, E. 1985 Phonology in visual word recognition: Their is more two this than meats the l. In D. Besner, T. G. Waller & G. E. MacKinnon (Eds.) *Reading research: Advances in theory and practice, Vol.V.* New York: Academic Press.
Downing, J. & Leong, C. K. 1982 *Psychology of reading.* New York: Macmillan.
Duchek, J. M. & Heely, J. H. 1989 A dissociative word-frequency x levels-of-processing interaction in episodic recognition and lexical decision tasks. *Memory & Cognition,* 17, 148-162.
Ebbinghaus, H. 1885 *Über das Gedächtnis: Untersuchungen zur experimentellen Psychologie.* Leipzig: Duncker & Humblot.
Ehri, L. C. 1978 Beginning reading from a psycholinguistic perspective: Amalgamation of word identities. In F. B. Murry (Ed.) *The development of reading process (International Reading Association Monograph, No.3).* Newark, Del.: International Reading Association. Pp.121-143.
Ellis, H. D. & Shepherd, J. W. 1974 Recognition of abstract and concrete words presented in left and right visual fields. *Journal of Experimental Psychology,* 103, 1035-1036.
Forbach, G., Stanners, R. & Hochhaus, L. 1974 Repetition and practice effects in a lexical decision task. *Memory & Cognition,* 2, 337-339.
Forster, K. I. 1976 Basic issues in lexical processing. In W. Marslen-Wilson (Ed.) *Lexical representation and processing.* Cambridge: MIT Press. Pp.75-107.
Forster, K. I. 1989 Accessing the mental lexicon. In E. C. J. Walker & R. J. Wales (Eds.) *New approaches to language mechanisms.* Amsterdam: North-Hollaud.
Forster, K. I. & Chambers, S. M. 1973 Lexical access and naming time. *Journal of Verbal Learning and Verbal Behavior,* 12, 627-635.
Forster, K. I. & Davis, C. 1984 Repetition priming and frequency attenuation in lexical access. *Journal of Experimental Psychology: Learning, Memory, and Cognition,* 10, 680-698.
Frost, R. 1991 Phonetic recoding of print and its effect on the detection of concurrent speech in amplitude-modulated noise. *Cognition,* 39, 195-214.
Frost, R. 1994 Prelexical and postlexical strategies in reading: Evidence from a Deep and Shallow Orthography. *Journal of Experimental Psychology: Learning, Memory, and Cognition,* 20, 116-129.
Frost, R., Katz, L. & Bentin, S. 1987 Strategies for visual word recognition and orthographic depth: A multilingual comparison. *Journal of Experimental Psychology: Human Perception and Performance,* 13, 104-115.
藤田哲也・齋藤　智・高橋雅延　1991　ひらがな清音5文字名詞の熟知価について　京都橘女子大学研究紀要，18, 79-93.
Funnell, E. 1983 Phonological processes in reading: New evidence from acquired dyslexia. *British Journal of Psychology,* 74, 159-180.
Garber, E. E. & Pisoni, D. B. 1991 Lexical memory in visual and auditory modalities: A second report. *Research on speech perception.* Bloomington: Indiana University, Speech Research Laboratory. Prog. Rep. No.17, Pp.213-227.
Gelb, I. J. 1963 *A Study of Writing.* Chicago: University of Chicago Press.
Gernsbacher, M. A. 1984 Resolving 20 years of inconsistent interactions between lexical familiarity and orthography, concreteness, and polysemy. *Journal of Experimental Psychology: General,* 118, 256-281.
Gibson, E. J. 1970 The ontogeny of reading. *American Psychologist,* 25, 136-143.
Gilhooly, K. J. 1984 Word age-of-acquisition and residence time in lexical memory as factors in word

naming. *Current Psychological Research and Reviews*, 3, 24-31.
Gilhooly, K. J. & Gilhooly, M. L. 1979 Age-of-acquisition effects in lexical and episodic memory tasks. *Memory & Cognition*, 7, 214-223.
Gilhooly, K. J. & Logie, R. H. 1981 Word age-of-acquisition, reading latencies and auditory recognition. *Current Psychological Research*, 1, 251-262.
Gilhooly, K. J. & Logie, R. H. 1982 Word age-of-acquisition and lexical decision making. *Acta Psychologica*, 50, 21-34.
Glaze, J. A. 1928 The association value of nonsense syllables. *Journal of Genetic Psychology*, 35, 255-267.
Glanzer, M. & Ehrenreich, S. L. 1979 Lexical access and lexical decision: Mechanisms of frequency sensitivity. *Journal of Verbal Learning & Verbal Behavior*, 18, 381-398.
Goldstein, K. 1927 Die Lokalisation in der Grosshirnrinde. In *Handbuch der Normalen und Pathologischen Physiologie. BAND 10*, Berlin: Springer.
御領　謙　1987　読むということ　認知科学選書5　東京大学出版会
Goswami, U. 2001 Early phonological development and the acquisition of literacy. In S. B. Newman & D. K. Dickinson (Eds.) *Handbook of early literacy research*. New York: Guilford Press. Pp.111-125.
Graf, R., Nagler, M. & Jacobs, A. M. 2005 Faktorenanalyse von 57 Variablen der visuellen Worterkennung. *Zeitschrift für Psychologie*, 213, 205-218.
Grainger, J. & Jacobs, A. M. 1996 Orthographic processing in visual word recognition: A multiple read-out model. *Psychological Review*, 103, 518-565.
Grainger, J., Spinelli, E. & Ferrand, L. 2000 Effects of baseword frequency and Orthographic Neighborhoon size in pseudohomophone naming. *Journal of Memory and Language*, 42, 88-102.
Haagen, C. H. 1949 Synonimity, vividness, familiarity, and association value ratings of 400 pairs of common adjectives. *Journal of Psychology*, 27, 453-463.
Hanson, V. L. & Fowler, C. A. 1987 Phonological coding in word reading: Evidence from hearing and deaf readers. *Memory & Cognition*, 15, 199-207.
Hatta, T. 1976 Asynchrony of lateral onset as a factor in the difference in visual fields. *Perceptual and Motor Skills*, 42, 163-166.
Hatta, T. 1977 Recognition of Japanese kanji in the left and right visual fields. *Neuropsychologia*, 15, 685-688.
八田武志・林　龍平　1980　読書障害児の認知機能　北尾倫彦（編）　学業不振の原因診断　明治図書
林　貞子　1976　ノンセンスシラブル新規準表　東海大学出版会
Healy, A. F. 1976 Detection errors on the word the: Evidence for reading units larger than letters. *Journal of Experimental Psychology: Human Perception and Performance*, 2, 235-242.
Henderson, L. 1982 *Orthography and word recognition in reading*. New York: Academic Press.
Henderson, L. 1984 *Orthography and reading: Perspectives from cognitive psychology, neuropsychology and linguistics*. London: Lawrence Erlbaum Associates.
Hines, D. 1976 Recognition of verbs, abstract nouns and concrete nouns from the left and right visual fields. *Neuropsychologia*, 14, 211-216.
Hino, Y. & Lupker, S. J. 1996 The effects of polysemy in lexical decision and naming: An alternative to lexical access accounts. *Journal of Experimental Psychology: Human Perception and Performance*, 22, 1331-1356.
Hirata, K. & Osaka, R. 1967 Tachistoscopic recognition of Japanese letter materials in left and right visual fields. *Psychologia*, 10, 7-18.
広瀬雄彦　1984　漢字および仮名単語の意味的処理に及ぼす表記頻度の効果　心理学研究, 55,

173-176.

広瀬雄彦 1985 単語の認知に及ぼす表記の親近性の効果 心理学研究, 56, 44-47.

Hirose, T. 1992 Recognition of Japanese Kana words in priming tasks. *Perceptual and Motor Skills*, 75, 907-913.

Hirose, T. & Hatta, T. 1985 Reading disabilities in Japan: Evidence against the myth of rarity. *International Journal of Neuroscience*, 26, 249-252.

Holloway, R. 1971 Right to read: New director, new approach. *Phi Delta Kappan*, 53, 221-224.

Hudson, P. T. W. & Bergman, M. W. 1985 Lexical knowledge in word recognition: Word length in naming and lexical decision tasks. *Journal of Memory and Language*, 24, 46-58.

Hull, C. L. 1933 The meaningfulness of 320 selected nonsense syllables. *American Journal of Psychology*, 45, 730-734.

Humphreys, G. W. & Bruce, V. 1989 *Visual cognition: Computational, experimental, and neuropsychological perspectives.* Hillsdale, NJ: Lawrence Erlbaum Associates.

Hung, D. L. & Tzeng, O. J. L. 1981 Orthographic variations and visual information processing. *Psychological Bulletin*, 90, 377-414.

井村恒郎 1943 失語—日本語における特性— 精神神経学雑誌, 47, 196-218.

Jacoby, L. L. 1983 Remembering the data: Analyzing interactive processes in reading. *Journal of Verbal Learning & Verbal Behavior*, 22, 485-508.

Jacoby, L. L. & Dallas, M. 1981 On the relationship between autobiographical memory and perceptual learning. *Journal of Experimental Psychology: General*, 110, 306-340.

海保博之 1975 漢字意味情報抽出過程 徳島大学学芸紀要, 24, 1-7.

賀集 寛 1966 連想の機構 心理学モノグラフ 日本心理学会

賀集 寛・久保和男 1954 3音節動詞の連想価表 人文論究（関西学院大学), 5, 73-105.

賀集 寛・久保和男 1958 3音節動詞の連想価表（続報) 関西学院大学心理学研究室資料

Katz, L. & Feldman, L. B. 1983 Relation between pronunciation and recognition of printed words in deep and shallow orthographies. *Journal of Experimental Psychology: Learning, Memory, and Cognition*, 9, 157-166.

Katz, L. & Frost, R., 1992 Reading in different orthographies. In R. Frost & L. Katz (Eds.) *Orthography, phonology, morphology, and meaning.* Amsterdam: Elsevier. Pp.67-84.

川上正浩 1993 仮名語の語い決定課題における表記の親近性と処理単位 心理学研究, 64, 235-239.

Keeves, J. P., Matthews, J. K. & Bourke, S. F. 1978 *Education for literacy and numeracy in Australian schools.* Hothorne, Victoria: Australian Council for Educational Research.

Kimura, D. 1966 Dual functional asymmetry of the brain in visual perception. *Neuropsychologia*, 4, 257-285.

Kinoshita, S. 1987 Case alternation effect: Two types of word recognition. *Quarterly Journal of Experimental Psychology*, 39A, 701-720.

Kirsner, K., Milech, D. & Stumpfel, V., 1986 Word and picture identification: Is representational parsimony possible? *Memory & Cognition*, 14, 398-408.

北尾倫彦 1980 原因診断の考え方・進め方 北尾倫彦（編）学業不振の原因診断 明治図書

北尾倫彦 1984a おちこぼれ・おちこぼしとは何か 北尾倫彦・梶田叡一（編）おちこぼれ・おちこぼし—なぜ学習不振におちいるか— 有斐閣

北尾倫彦 1984b TK式読み能力診断検査 田研出版

Kolers, P. A. 1976 Reading a year later. Journal of Experimental Psychology: *Human learning and Memory*, 2, 554-565.

小柳恭治・石川信一・大久保幸郎・石井栄助 1960 日本語3音節名詞の熟知価 心理学研究, 30,

357-365.
Krueger, W. C. F. 1934 The relative difficulty of nonsense syllables. *Journal of Experimental Psychology*, 17, 145-153.
Kucera, H. & Francis, W. N. 1967 *Computational analysis of present-day American English*. Providence, RI: Brown University Press.
Kuwahata, N. & Nagata, K. 1988 Alexia with agraphia due to the left posterior inferior temporal lobe lesion: Neuropsychological analysis and its pathologenetic mechanisms. *Brain and Language*, 33, 296-310.
Logan, G. D. 1988 Toward an instance theory of automatization. *Psychological Review*, 95, 492-527.
Logan, G. D. 1990 Repetition priming and automaticity: Common underlying mechanisms? *Cognitive Psychology*, 22, 1-35.
Lovell, K., Shapton, D. & Warren, N. S. 1964 A study of some cognitive and other disabilities in backward readers with average intelligence as assessed by an non-verbal test. *British Journal of Educational Psychology*, 34, 58-64.
Lukatela, G. & Turvey M. T. 1994 Visual lexical access is initially phonological: 1. Evidence from associative priming by words, homophones, and pseudohomophones. *Journal of Experimental Psychology: General*, 123, 107-128.
Lupker, S. J. 2005 Visual word recognition: Theories and Findings. In M. J. Snowling & C. Hulme (Eds.) *The science of reading: A handbook*. Malden, MA: Blackwell Publishing. Pp.39-60.
Mackavey, W., Curcio, F. & Rosen, J. 1975 Tachistoscopic word recognition performance under conditions of simultaneous bilateral presentation. *Neuropsychologia*, 13, 27-33.
Makita, K. 1968 The rarity of reading disability in Japanese children. *American Journal of Orthopsychiatry*, 38, 599-614.
牧田清志　1976　日本に少ない読字障害についての一考察　教育と医学, 24, 613-620.
Marmurek, H. H. C. & Kwantes, P. J. 1996 Reading words and words: Phonology and lexical access. *Quarterly Journal of Experimental Psychology*, 49A, 696-714.
Marshall, J. C. & Newcombe, F. 1973 Patterns of paralexia: A psycholinguistic approach. *Journal of Psycholinguistic Research*, 2, 175-199.
McCann, R. S. & Besner, D. 1987 Reading pseudohomophones: Implications for models of pronunciation assembly and the locus of word frequency effects in naming. *Journal of Experimental Psychology: Human Perception and Performance*, 13, 13-24.
McCarthy, R. A. & Warrington, E. K. 1986 Phonological reading: Phenomena and paradoxes. *Cortex*, 22, 359-380.
McClelland, J. L. & Rumelhart, D. E. 1981 An interactive activation model of context effects in letter perception: Part 1. An account of basic findings. *Psychological Review*, 88, 375-407.
McCusker, L. X., Hillinger, M. L. & Bias, R. G. 1981 Phonological recoding and reading. *Psychological Bulletin*, 89, 217-245.
McCutchen, D. & Perfetti, C. A. 1982 The visual tongue-twister effect: Phonological activation in silent reading. *Journal of Verbal Learning and Verbal Behavior*, 21, 672-687.
McRae, K., Jared, D. & Seidenberg, M. S. 1990 On the role of frequency and lexical access in word naming. *Journal of Memory and Language*, 29, 43-65.
Meyer, D. E. & Ruddy, M. G. 1973 (November) *Lexical-memory retrieval based on graphemic and phonemic representation of printed words*. Presented at Psychonomic Society Meeting, St. Louis.
Meyer, D. E., Schvaneveldt, R. W. & Ruddy, M. G. 1974 Functions of graphemic and phonemic codes in visual word recognition. *Memory & Cognition*, 2, 309-321.

Meyer, D. E., Schvaneveldt, R. W. & Ruddy, M. G. 1975 Loci of contextual effects on visual word recognition. In P. M. A. Rabbitt & S. Dornic (Eds.) *Attention and performance V.* San Diego, CA: Academic Press. Pp.98-118.

Monsell, S., Patterson, K. E., Graham, A., Hughes, C. H. & Milroy, R. 1992 Lexical and sublexical translation of spelling to sound: Strategic anticipation of lexical status. *Journal of Experimental Psychology: Learning, Memory, and Cognition*, 18, 452-467.

森川彌壽雄　1965　言葉の連合—記憶と学習—　創文社

森永良子　1981　読めない子　教育と医学　29, 108-116.

Morris, J. M. 1959 *Reading in the primary school.* London: Newnes.

Morris, J. M. 1966 *Standards and progress in reading.* England: National Foundation for Educational Research.

Morrison, C. M. & Ellis, A. W. 1995 Roles of word frequency and age of acquisition in word naming and lexical decision. *Journal of Experimental Psychology: Learning, Memory, and Cognition*, 21, 116-133.

Morrison, C. M., Ellis, A. W. & Quinlan, P. T. 1992 Age of acquisition, not word frequency, affects object naming, not object recognition. *Memory & Cognition*, 20, 705-714.

Morton, J. 1969 Interaction of information in word recognition. *Psychological Review*, 76, 165-178.

Morton, J. 1979 Facilitation in word recognition: Experiments causing change in the logogen model. In P. A. Kolers, M. Wrolstad & H. Bouma (Eds.) *Processing of visible language, Vol.I.* New York: Plenum. Pp.259-268.

Morton, J. & Patterson, K. 1980 A new attempt at an interpretation, or, an attempt at a new interpretation. In M. Coltheart, K. Patterson & J. C. Marshall (Eds.) *Deep dyslexia.* London: Routledge & Kegan Paul. Pp.91-118.

Morton, J. & Sasanuma, S. 1984 Lexical access in Japanese. In L. Henderson (Ed.) *Orthography and reading: Perspectives from cognitive psychology, neuropsychology and linguistics.* London: Lawrence Erlbaum Associates. Pp.25-56.

Murrell, G. A. & Morton, J. 1974 Word recognition and morphemic structure. *Journal of Experimental Psychology*, 102, 963-968.

Myers, R. E. & Sperry, R. W. 1958 Interhemispheric communication through the corpus callosum: Mnemonic carry-over between the hemispheres. *Archives of Neurology and Psychiatry*, 80, 298-303.

Newcombe, F. & Marshall, J. C. 1981 On psycholinguistic classification of the acquired dyslexias. *Bulletin of the Orton Society*, 31, 29-46.

Noble, C. E. 1952 An analysis of meaning. *Psychological Review*, 59, 421-429.

Noble, C. E. 1953 The meaning-familiarity relationship. *Psychological Review*, 60, 89-98.

Norris, D. 1984 The effects of frequency, repetition and stimulus quality in visual word recognition. *Quarterly Journal of Experimental Psychology*, 36A, 507-518.

Nusbaum, H. C., Pisoni, D. B. & Davis, C. K. 1984 *Sizing up the Hoosier mental lexicon: Measuring the familiarity of 20,000 words* (Research in Speech Perception, Prog. Rep. No.10). Bloomington: Indiana University, Speech Research Laboratory.

王晋民　1988　漢字の音韻処理と意味処理は同時に完了するか　心理学研究, 59, 252-255.

小川嗣夫　1972　52カテゴリーに属する語の出現頻度表　人文論究（関西学院大学）, 32, 1-68.

Paap, K. R., Johansen, L. S., Chun, E. & Vonnahme, P. 2000 Neighborhood frequency does affect performance in the Reicher task: Encoding or decision? *Journal of Experimental Psychology: Human Perception and Performance*, 26, 1691-1720.

Paap, K. R., McDonald, J. E., Schvaneveldt, R. W. & Noel, R. W. 1987 Frequency and pronounceability in visually presented naming and lexical decision tasks. In M. Coltheart (Ed.) *Attention and performance, XII: The psychology of reading.* Hillsdale, NJ: Lawrence Erlbaum Associates. Pp.221-243.

Paap, K. R., Newsome, S. L., McDonald, J. E. & Schvaneveldt, R. W. 1982 An activation-verification model for letter and word recognition: The word-superiority effect. *Psychological Review,* 89, 573-594.

Paap, K. R. & Noel, R. W. 1991 Dual-route models of print to sound: Still a good horse race. *Psychological Research,* 53, 13-24.

Paap, K. R., Noel, R. W. & Johansen, L. S. 1992 Dual-route models of print to sound: Red herrings and real horses. In R. Frost & L. Katz, (Eds.) *Orthography, phonology, morphology, and meaning.* Oxford, England: North-Holland. Pp.293-318.

Patterson, K. E. 1981 Neuropsychological approaches to the study of reading. *British Journal of Psychology,* 72, 151-174.

Patterson, K. E. 1982 The relation between reading and phonological coding: Further neuropsychological investigations. In A. W. Ellis (Ed.) *Normality and pathology in cognitive functions.* London: Academic Press. Pp.77-111.

Patterson, K. E. & Coltheart, V. 1987 Phonological processes in reading: A tutorial review. In M. Coltheart (Ed.) *Attention and performance, XII: The psychology of reading.* Hillsdale, NJ: Lawrence Erlbaum Associates. Pp.421-447.

Patterson, K. E. & Marcel, A. J. 1977 Aphasia, dyslexia and the phonological coding of written words. *Quarterly Journal of Experimental Psychology,* 29, 307-318.

Patterson, K. E., Marshall, J. C. & Coltheart, M. 1985 *Surface dyslexia.* London: Lawrence Erlbaum Associates.

Patterson, K. E. & Morton, J. 1985 From orthography to phonology: An attempt at an old interpretation. In K. E. Patterson, J. C. Marshall & M. Coltheart (Eds.) *Surface dyslexia.* London: Lawrence Erlbaum Associates.

Perfetti, C. A. 1994 Psycholinguistics and reading ability. In M. A. Gernsbacher, (Ed.) *Handbook of psycholinguistics.* San Diego, CA: Academic Press. Pp.849-894.

Perfetti, C. A., Zhang, S. & Berent, I. 1992 Reading in English and Chinese: Evidence for a "universal" phonological principle. In R. Frost, L. Katz (Eds.) *Orthography, phonology, morphology, and meaning.* Oxford, England: North-Holland. Pp.227-248.

Pike, K. L. 1967 *Language in relation to a unified theory of the structure of human behavior.* Bloomington, IN: The Hauge, Mouton.

Pisoni, D. B. & Garber, E. E. 1990 *Lexical memory in visual and auditory modalities: The case for a common mental lexicon.* In Proceedings of the 1990 International Conference on Spoken Language Processing. Kobe, Japan: The Acoustical Society of Japan. Pp.401-404.

Plaut D. C., McClelland, J. L., Seidenberg, M. S. & Patterson, K. 1996 Understanding normal and impaired word reading: Computational principles in quasi-regular domains. *Psychological Review,* 103, 56-115.

Preston, K. A. 1935 The speed of word perception and its relation to reading ability. *Journal of General Psychology,* 13, 199-203.

Raman, I., Baluch, B. & Sneddon, P. 1996 What is the cognitive system' s preferred route for deriving phonology from print? *European Psychologist,* 1, 221-227.

Ratcliff, R., Hockley, W. & McKoon, G. 1985 Components of activation: Repetition and priming effects

in lexical decision and recognition. *Journal of Experimental Psychology: General*, 114, 435-450.
Reicher, G. M. 1969 Perceptual recognition as a function of meaningfulness of stimulus material. *Journal of Experimental Psychology*, 81, 274-280.
Roediger, H. L., Weldon, S. M., Stadler, M. L. & Riegler, G. L. 1992 Direct comparison of two implicit memory tests: Word fragment and word stem completion. *Journal of Experimental Psychology: Learning, Memory and Cognition*, 18, 1251-1269.
Rosch, E. 1975 Cognitive representations of semantic categories. *Journal of Experimental Psychology: General*, 104, 192-233.
Rubenstein, H., Garfield, L. & Millikan, J. A. 1970 Homographic entries in the internal lexicon. *Journal of Verbal Learning and Verbal Behavior*, 9, 487-494.
Rubenstein, H., Lewis, S. S. & Rubenstein, M. A. 1971a Evidence for phonemic recoding in visual word recognition. *Journal of Verbal Learning and Verbal Behavior*, 10, 645-657.
Rubenstein, H., Lewis, S. S. & Rubenstein, M. A. 1971b Homographic entries in the internal lexicon: Effects of systematicity and relative frequency of meanings. *Journal of Verbal Learning and Verbal Behavior*, 10, 57-62.
Rubin, D. C. 1980 51 properties of 125 words: A unit analysis of verbal behavior. *Journal of Verbal Learning and Verbal Behavior*, 19, 736-755.
Rumelhart, D. E. & McClelland, J. L. 1982 An interactive activation model of context effects in letter perception: Part 2. The contextual enhancement effect and some tests and extensions of the model. *Psychological Review*, 89, 60-94.
Rumelhart, D. E. & McClelland, J. L. 1986 On learning the past tenses of English verbs. In J. L. McClelland & D. E. Rumelhart (Eds.) *Parallel distributed processing: Explorations in the microstructure of cognition*. Cambridge, MA: MIT Press.
Rutter, M. & Madge, N. 1976 *Cycles of disadvantage: A review of research*. London: Heinemann Educational.
齋藤洋典　1981　漢字と仮名の読みにおける形態的符号化および音韻的符号化の検討　心理学研究, 52, 266-272.
Sakamoto, T. & Makita, K. 1973 "Japan". In J. Downing (Ed.) *Comparative Reading*. New York: Macmillan.
Sasanuma, S. 1975 Kana and Kanji processing in Japanese aphasics. *Brain and Language*, 2, 369-385.
Sasanuma, S. 1980 Acquired dyslexia in Japanese: Clinical features and underlying mechanisms. In M. Coltheart, K. Patterson & J. C. Marshall (Eds.) *Deep dyslexia*. London: Routledge & Kegan Paul. Pp.48-90.
Sasanuma, S., Ito, M., Mori, K. & Kobayashi, Y. 1977 Tachistscopic recognition of Kana and Kanji words. *Neuropsychologia*, 15, 547-553.
Scarborough, D. L., Cortese, C. & Scarborough, H. S. 1977 Frequency and repetition effects in lexical memory. *Journal of Experimental Psychology: Human Perception and Performance*, 3, 1-17.
Scarborough, H. S. 1998 Early identification of children at risk for reading disabilities: Phonological awareness and some other promising predictors. In B. K. Shapiro, A. J. Capute & B. Shapiro (Eds.) *Specific reading disability: A view of the spectrum*. Hillsdale, NJ: Erlbaum. Pp.77-121.
Schatschneider, C., Fletcher, J. M., Francis, D. J., Carlson, C. D. & Foorman B. R. 2004 Kindergarten prediction of reading skills: A longitudinal Comparative Analysis. *Journal of Educational Psychology*, 96, 265-282.
Sebastian-Galles, N. 1991 Reading by analogy in a shallow orthography. *Journal of Experimental Psychology: Human Perception and Performance*, 17, 471-477.

Seidenberg, M. S. 1985 The time course of phonological code activation in two writing systems. *Cognition*, 19, 1-30.

Seidenberg, M. S. & McClelland, J. L. 1989 A distributed, developmental model of word recognition and naming. *Psychological Review*, 96, 523-568.

Seidenberg, M. S., Petersen, A., MacDonald, M. C. & Plaut, D. C. 1996 Pseudohomophone effects and models of word recognition. *Journal of Experimental Psychology: Learning, Memory, and Cognition*, 22, 48-62.

Seidenberg, M. S. & Vidanovic, S. 1985 (November) *Word recognition in Serbo-Croatian and English: Do they differ?* Paper presented at the meeting of the Psychonomic Society, Boston.

Seidenberg, M. S., Waters, G. S., Barnes, M. A. & Tanenhaus, M. K. 1984 When does irregular spelling or pronunciation influence word recognition? *Journal of Verbal Learning and Verbal Behavior*, 23, 383-404.

Shallice, T. 1988 *From neuropsychology to mental structure.* New York: Cambridge University Press.

Shallice, T. & Warrington, E. K. 1980 Single and multiple component central dyslexic syndromes. In M. Coltheart, K. E. Patterson & J. C. Marshall (Eds.) *Deep dyslexia.* London: Routledge. Pp.119-145.

新村　出　1998　広辞苑（第5版）　岩波書店

Shonkoff, J. & Phillips, D. (Eds.) 2000 *From Neurons to Neighborhoods: The Science of Early Childhood Development.* Washington, DC: National Academy Press.

Skinner, M. & Grant, B. 1992 *Generation and frequency effects on repetition priming.* Paper presented at the Australian Experimental Psychology Conference, Sydney.

Sperry, R. W. 1961 Cerebral organization and behavior. *Science*, 133, 1749.

Sperry, R. W. 1968 Hemisphere deconnection and unity in conscious awareness. *American Psychologist*, 23, 723-733.

Stanners, R. F., Jastrzembski, J. E. & Westbrook, A. 1975 Frequency and visual quality in a word-nonword classification task. *Journal of Verbal Learning and Verbal Behavior*, 14, 259-264.

Stanovich, K. E. & Bauer, D. W. 1978 Experiments on the spelling-to-sound regularity effect in word recognition. *Memory & Cognition*, 6, 410-415.

Sternberg, D. 1969 The discovery of processing stages: Extensions of Donder's method. In W. G. Koster (Ed.) *Attention and performance II.* Amsterdam: North-Holland. Pp.276-315.

Stevenson, H. W., Stigler, J. W., Lucker, G. W., Lee, S., Hsu, C. & Kitamura, S. 1982 Reading disabilities: The case of Chinese, Japanese, and English. *Child Development*, 53, 1164-1181.

Storch, S. A. & Whitehurst, G. J. 2002 Oral language and code-related precursors to reading: Evidence from a longitudinal structural model. *Developmental Psychology*, 38, 934-947.

杉島一郎・岩原昭彦・賀集　寛　1996　ひらがな清音4文字名詞4160語の熟知価　人文論究, 46, 53-75.

Tabossi, P. & Laghi, L. 1992 Semantic priming in the pronunciation of words in two writing systems: Italian and English. *Memory & Cognition*, 20, 303-313.

Taft, M. 1982 An alternative to grapheme-phoneme conversion rules? *Memory & Cognition*, 10, 465-474.

Taft, M. 1991 *Reading and the mental lexicon.* Hove, U. K.: Lawrence Erlbaum Associates.

Taraban, R. & McClelland, J. L. 1987 Conspiracy effects in word pronunciation. *Journal of Memory and Language*, 26, 608-631.

Tenpenny, P. L. 1995 Abstractionist versus episodic theories of repetition priming and word identification. *Psychonomic Bulletin and Review*, 2, 339-363.

Thorndike, E. L. 1931 *A teacher's word book of 20,000 words*. New York: Teacher's College Press.
Thorndike, E. L. & Lorge, I. 1944 *The teacher's word book of 30,000 words*. New York: Teacher's College Press.
浮田　潤・杉島一郎・皆川直凡・井上道雄・賀集　寛　1996　日本語の表記形態に関する研究　心理学モノグラフ　No.25　日本心理学会
梅本堯夫　1951a　日本語無意味音節の連想価　心理学研究　21, 23-28.
梅本堯夫　1951b　刺激語と反応語の重みについて　心理学研究　21, 46-55.
梅本堯夫・森川冶彌壽雄・伊吹昌夫　1955a　清音 2 字音節の無連想価及び有意味度　心理学研究　26, 148-155.
梅本堯夫・森川冶彌壽雄・伊吹昌夫　1955b　形容詞の類似性，熟知性尺度—連想法及び評定尺度法による—　京都大学教育学部研究紀要, 1, 85-116.
梅村智恵子　1981　仮名と漢字の文字機能の差異について—記憶課題による検討—　教育心理学研究, 29, 29-37.
Unger, J. M. 1987 *The fifth genaration fallacy: Why Japan is betting its future on artificial intelligence*. New York: Oxford University Press.
臼井信夫　1998　仮名単語の認知における全体的処理の検討　心理学研究　69, 105-112.
Valtin, R. 1978-1979 Dyslexia: Deficit in reading or deficit in research? *Reading Research Quarterly*, 14, 201-221.
Van Orden, G. C. 1987 A ROWS is a ROSE: Spelling, sound, and reading. *Memory & Cognition*, 15, 181-198.
Van Orden, G. C., Johnston, J. C. & Hale, B. L. 1988 Word identification in reading proceeds from spelling to sound to meaning. *Journal of Experimental Psychology: Learning, Memory, and Cognition*, 14, 371-386.
Van Orden, G. C., Pennington, B. F. & Stone, G. O. 1990 Word identification in reading and promise of subsymbolic psycholinguistics. *Psychological Review*, 97, 488-522.
Wilding, J. M. 1988 The interaction of word-frequency and stimulus quality in the lexical decision task-Now you see it, now you don't. Quarterly Journal of *Experimental Psychology*, 40A, 757-770.
Witmer, L. R. 1935 The association value of three-place consonant syllables. *Journal of Genetic Psychology*, 47, 337-360.
山鳥　重　1980　漢字仮名問題と大脳半球の左右差　神経進歩, 24, 556-564.

## 著者紹介

**広瀬雄彦**（ひろせ・たけひこ）

- 1959 年　大阪市に生まれる
- 1982 年　大阪教育大学教育学部卒業
- 1985 年　大阪教育大学大学院教育学研究科修士課程修了
　　　　　小学校教諭，三重大学講師，助教授を経て，
- 現　在　京都女子大学発達教育学部教授　博士（教育学）

**主な著訳書**

自己教育の心理学（分担執筆）有斐閣 1994 年
リーディングの認知心理学（共訳）信山社 1995 年
作業記憶と学習困難（共訳）信山社 1999 年
視聴覚メディアと教育方法（分担執筆）北大路書房 1999 年
精選コンパクト教育心理学（共著）北大路書房 2006 年

---

# 日本語表記の心理学
### 単語認知における表記と頻度

| | |
|---|---|
| 2007 年 3 月 20 日　初版第 1 刷印刷 | 定価はカバーに表示 |
| 2007 年 3 月 31 日　初版第 1 刷発行 | してあります。 |

著　者　広瀬雄彦
発行所　㈱北大路書房
〒603-8303　京都市北区紫野十二坊町 12-8
電　話　(075) 431-0361 ㈹
F A X　(075) 431-9393
振　替　01050-4-2083

Ⓒ 2007　制作／見聞社　印刷・製本／モリモト印刷(株)
検印省略　落丁・乱丁本はお取り替えいたします。
ISBN978-4-7628-2550-7　　Printed in Japan